Die **50** schönsten

Aussichtsplätze

in den Allgäuer Alpen

von Peter Nowotny

* ...**K & K**... **MARKETINGAGENTUR**
WERBEKONZEPTE_GRAFIKDESIGN_KARTOGRAPHIE_DRUCK_VERTRIEB

Vorwort

Grüß Gott, hallo und guten Tag,
Liebhaber schönster Aussichtsplätze!

Unser Allgäu ist so reich an herrlichen Aussichtsplätzen, dass es schwergefallen ist, daraus nur 50 auszuwählen. Dennoch habe ich diesen Versuch unternommen und meine Kenntnisse zugrunde gelegt. Vielleicht gibt es mal Vorschläge von Lesern, die gern ihre Lieblings-Aussichtsplätze in Führerform sehen möchten. Die könnte man dann ggf. in einer weiteren Auflage berücksichtigen.

Die vorliegenden 50 Plätze sind, bis auf wenige Berggipfel, leicht zu erreichen und daher auch für Familien oder weniger Wandergeübte geeignet. Beachten Sie bitte die Hinweise zu den Bergtouren und denken Sie an Trittsicherheit und Ausdauer! Im Inhaltsverzeichnis ist jeweils hinter der Tour vermerkt, ob mit PKW, Bergbahn oder zu Fuß erreichbar.

Die 50 Vorschläge sind über ein Gebiet zwischen Ostallgäu, Oberallgäu, Tannheimer Tal und Kleinwalsertal, mit einem »Ausrutscher« zum Pfänder, verteilt und umfassen bekannte und weniger bekannte Plätze, die zu besuchen sich wegen der Aussicht lohnt.

Die Einteilung ist bei jeder Tour die gleiche. Auf der linken Seite: Anfahrt – Anstieg – Aussicht – Einkehr – Tipp – Bahn-Info (so weit Bahn vorhanden) – Wanderkarte. Auf der rechten Seite: je zur Hälfte ein Bild und ein Kartenausschnitt mit eingezeichnetem Aussichtspunkt. Die Pfeile weisen auf die Haupt-Aussichtsrichtungen hin, was nicht sagen soll, dass man nicht auch in die

anderen Richtungen blicken
sollte!

Nehmen Sie neben Ihren
Wanderschuhen und ggf.
Stöcken auch ein Fernglas
und Ihren Fotoapparat mit, Sie werden sehen, es lohnt sich!

Dr. Peter Nowotny

Die Benützung dieses Führers erfolgt auf eigene Gefahr.
Verlag oder Autor übernehmen keinerlei Haftung für etwa-
ige Unfälle oder Schäden jeder Art aus einem Rechtsgrund.

Viel Spaß bei den schönsten Aussichtspunkten im
Allgäu und gutes Wetter dabei wünschet Ihnen Ihr

Dr. Peter Nowotny, Rettenberg

Impressum

Herausgeber:	K+K Marketing Agentur GbR, Heisinger Str. 17, 87437 Kempten, Tel.: 0831/5750-321, Fax: 0831/71524
Text + Fotos:	Dr. Peter Nowotny; Foto S. 13: Ingo Buchelt Fotos S. 14, 15, 22, 23, 58, 101, 104 – 105: Archiv; Titelfoto: Gerald Schwabe
Kartengrundlage:	Wurden ausschließlich aus Wander- und Radkarten entnommen, die im AVA-Verlag GmbH, Kempten erhältlich sind.
Druck:	KKW-Druck GmbH, Heisinger Str. 17, 87437 Kempten
ISBN:	3-938992-80-8

Inhalt

Inhalt

Aggenstein

Anfahrt	Von Pfronten-Steinach durchs Engetal oder von Oberjoch bzw. Weißenbach durch das Tannheimer Tal bis Grän – Enge; Nördlich Grän liegt kleiner Parkplatz neben der Straße (1140 m)
Anstieg	Vom Parkplatz auf Weg 411 bis Bad Kissinger Hütte (1788 m) 2 Std. Leicht. Auf AV-Steig zum Gipfel ¾ Std. Oben mittelschwer, seilgesichert. Von Bergstation Breitenbergbahn auf bez. Weg steil zur Bad Kissinger Hütte 2 Std., weiter wie o. a.
Aussicht	Rundumsicht! Besonderer Blick über Breitenberg ins nördliche Vorland, auf Pfronten, Falkenstein. Nach Westen über das Tannheimer Tal zu Einstein, Geißhorn und Vilsalpseegruppe. Östlich zur Tannheimer Gruppe und nach Süden Litnisschrofen und Lechtaler Alpen.
Einkehr	Bad Kissinger Hütte, Frau Andrea Walch Tel. Hütte: 0043 676 373 1166
Bahn-Info	Breitenbergbahn Tel. 08363 5820, www.breitenbergbahn.de
Wanderkarte	Zumstein Wanderkarte Nr. 7 – »Tannheimer Tal«, M 1:25 000, AVA Verlag Allgäu, Kempten

Aggenstein

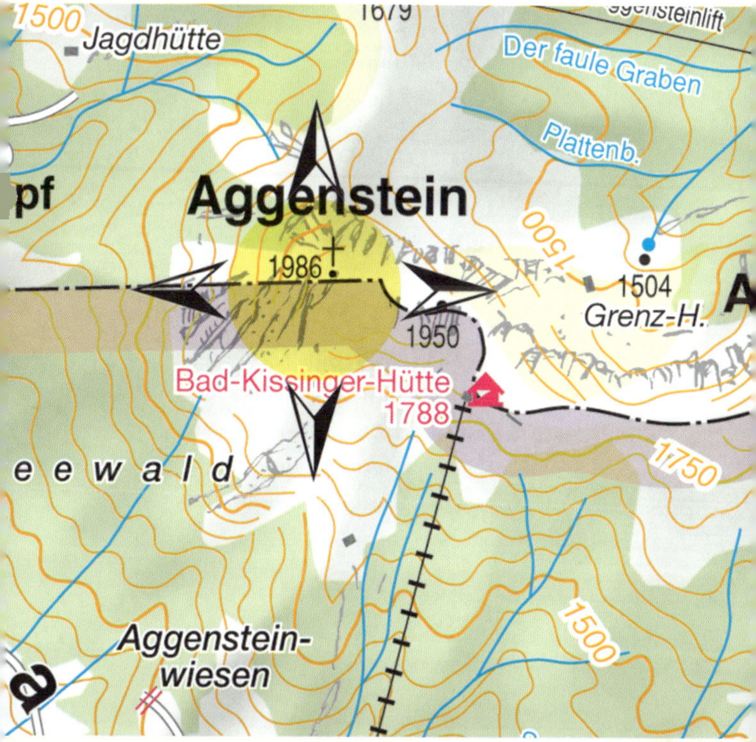

Jagdhütte

1500

1679

Ggensteinlift

Der faule Graben

Plattenb.

pf

Aggenstein

1986

1500

1950

1504
Grenz-H.

A

Bad-Kissinger-Hütte
1788

1750

e e w a l d

Aggenstein-
wiesen

1500

Alpspitze/Edelsberg

Anfahrt	Über die A 7 bis zur Ausfahrt Nesselwang; Von Pfronten, Oy oder Wertach bis Nesselwang, Parkplatz Alpspitzbahn
Anstieg	Vom Parkplatz Auffahrt mit der Alpspitzbahn, weiter auf leichtem Weg in 40 Min. zum Gipfel der Alpspitze (1575 m). Kleiner Abstieg in einen Sattel und jenseits aufwärts zum Edelsberg (1638 m), leicht, 30 bis 40 Min.
Aussicht	Von der Alpspitze schöner Halbbogen nach Nordwesten bis Nordosten, mit u.a. Nesselwang, Ostallgäuer Vorland und Richtung Marktoberdorf. Vom Edelsberg nach Süden in die Tannheimer Berge!
Einkehr	Sportheim Böck; Kappeler Alp; Enzianstüble; Stellenbichlhütte; Kronenhütte
Bahn-Info	Tel. 08361 1270; Info: 08361 771, Internet: www.alpspitzbahn.de
Wanderkarte	Zumstein Wanderkarte Nr. 2 – »Nesselwang«, M 1:30 000, AVA Verlag Allgäu. Kempten

Alpspitze

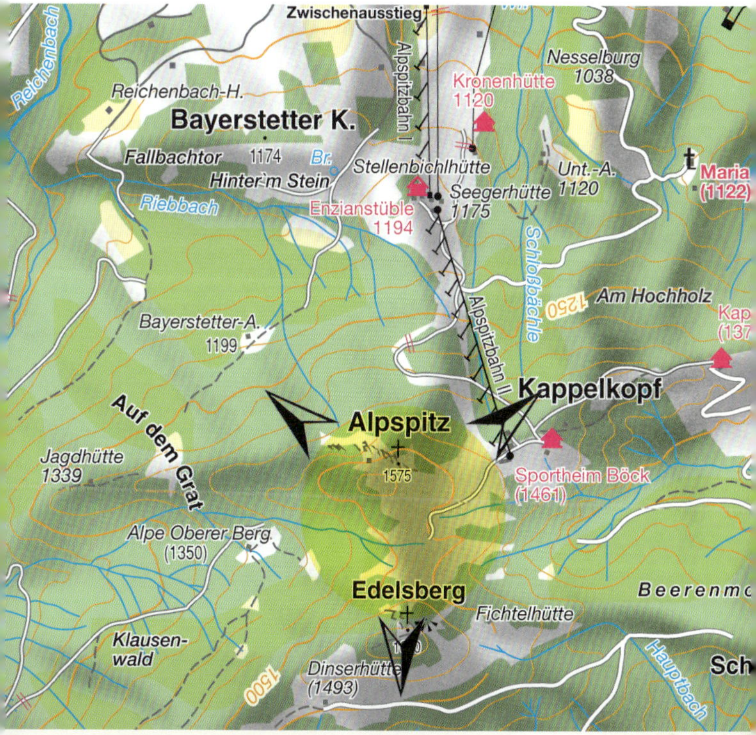

Zwischenausstieg

Reichenbach

Reichenbach-H.

Bayerstetter K.

Fallbachtor 1174 Br.

Hinter'm Stein

Riebbach

Stellenbichlhütte

Enzianstüble 1194

Bayerstetter-A. 1199

Kronenhütte 1120

Nesselburg 1038

Unt.-A. 1120

Seegerhütte 1175

Schloßbächle

Maria (1122)

Am Hochholz

Kap (137

Alpspitzbahn I

Alpspitzbahn II

Kappelkopf

Auf dem Grat

Jagdhütte 1339

Alpspitz 1575

Sportheim Böck (1461)

Alpe Oberer Berg (1350)

Edelsberg

Fichtelhütte

Beerenmo

Klausen-wald

Dinserhütte (1493)

Hauptbach

Sch

Typische Allgäuer Alpe

Enzianstüble

87484 Nesselwang

Tel. (0 83 61) 92 29 90
Fax (0 83 61) 92 29 92

Gebiet, Talort	Die Sonnenterrasse auf der Alpe Stellenbichl, an der Mittelstation der Alpspitz-Kombibahn, Nesselwang
Ausgangspunkt	Parkplatz an der Alpspitzbahn.
Wanderzeit	Vom Tal ca. 45 Min.; über den Wasserfall/ Nesselburg ca. 1 Std.; Untere Alm ca. 1 Std.
Fahrgelegenheit	Alpspitzbahn
Geöffnet	Anfang Mai – Mitte November und Mitte Dezember – Mitte April

Edelweiß

Auerberg

Anfahrt	B16 bis Stötten a. A. Dann Richtung Bernbeuren, hinter Eschach links abbiegen. Oder über Nebenstraße Stötten-Buchen-Günther. Von Bernbeuren direkte Straßenverbindung zum Auerberg
Anstieg	Mit PKW bis zum Gipfel befahrbar, (Gasthaus, 1055 m), dann Aufstieg im Kirchturm zur Aussichts-Plattform
Aussicht	Panorama! Beste Aussichtslage im Ostallgäuer Alpenvorland. Unbedingt lohnend. Herrlicher Blick über das Auerberg-Land ringsum, gesamte Alpenkette im Süden, z.B. Aggenstein, Breitenberg, Säuling; Zugspitze.
Einkehr	Panorama Gasthof »Auf dem Auerberg«, Tel. 08860 235, www.auerberg.com, info@auerberg.com
Tipp	Nach dem Schauen – wandern! Es führen Prälatenweg und Römer-Wanderweg vorbei. Schön auch die Feuersteinschlucht und Keltische Wälle. Kirche St. Georg mit wertvollen Kunstschätzen, z.B. »Madonna im Rosenkranz« (1641) oder »St. Georg der Drachentöter«.
Wanderkarte	Heimatkarte Ferienland Ostallgäu, M 1:50 000, HW Verlag

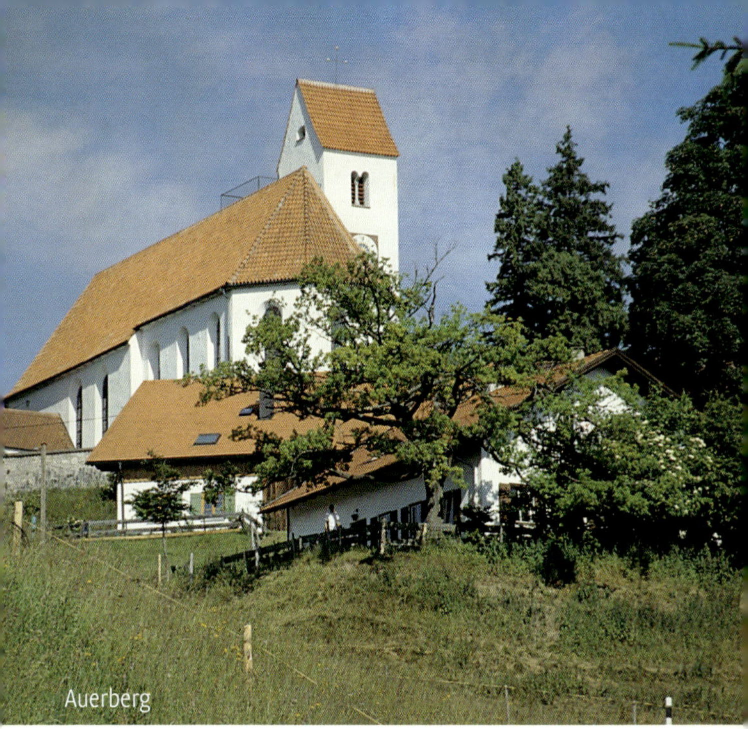

Auerberg

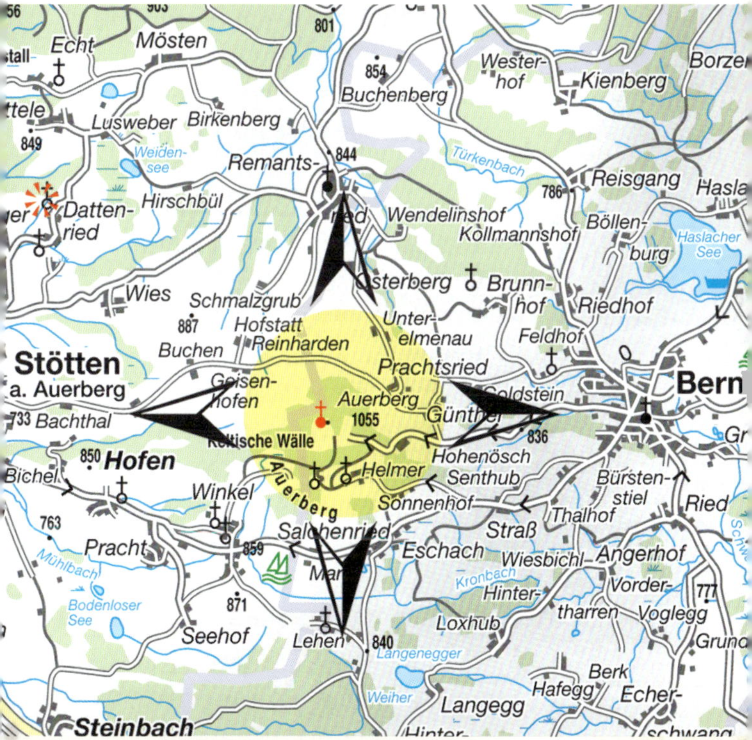
Echt
Mösten
801
854
Wester-
hof
Kienberg
Borze
Buchenberg
Lusweber
Birkenberg
849
Weiden-
see
Remants-
844
Türkenbach
Reisgang
786
Hasla
Datten-
ried
Hirschbül
Wendelinshof
Kollmannshof
Böllen-
burg
Haslacher
See
Osterberg
Brunn-
hof
Riedhof
Wies
Schmalzgrub
887
Hofstatt
Reinharden
Unter-
elmenau
Feldhof
Buchen
Stötten
a. Auerberg
Prachtsried
Bern
Geisen-
hofen
Auerberg
1055
Goldstein
733
Bachthal
Günther
836
Keltische Wälle
850
Hofen
Hohenösch
Bichel
Helmer
Senthub
Bürsten-
stiel
Ried
Winkel
Auerberg
Sonnenhof
Thalhof
763
Salchenried
Straß
Pracht
859
Eschach
Wiesbichl
Angerhof
Mühlbach
Kronbach
Vorder-
Hinter-
777
Bodenloser
See
871
tharren
Voglegg
Seehof
Lehen
Loxhub
840
Langenegger
Weiher
Berk
Hafegg
Echer-
Langegg
Steinbach

Besler

Anfahrt	Auf der Westseite des Riedberg Passes kleiner Parkplatz an der Einfahrt zur Schönberg Alpe (1400 m)
Anstieg	Vom Parkplatz auf Zufahrtsweg zur Schönberg Alpe, weiter über Wiesensteig aufwärts Richtung Gipfelmauer, um diese westlich herum zur Südseite und dort ansteigend zum Gipfelkreuz (1680 m), 1 ½ Std., unschwer
Aussicht	Hauptsächlich in den Bogen von Norden (Grünten) über Osten (Ostrachtaler Berge) zum Allgäuer Hauptkamm im Süden, wunderschön das Illertal, Oberstdorfer Gegend und Berge ums Kleinwalsertal, und auf Riedberger Horn mit seiner umgebenden Flyschlandschaft
Einkehr	Berggasthof Riedbergpaß in Grasgehren. Oder südseitig: Alpe Dinjörgen, Freyburger Alpe, Mittlere Gundalpe
Tipp 	Aufstieg zum Besler auch möglich von: Obermaiselstein (Königsweg), durchs Lochbachtal oder von Rohrmoos. Jeweils längere, aber unschwierige Wanderungen. Flora im Gipfelbereich beachten!
Wanderkarte	Zumstein Wanderkarte Nr. 4 – »Oberstdorf«, M 1:30 000, AVA Verlag Allgäu, Kempten

Besler

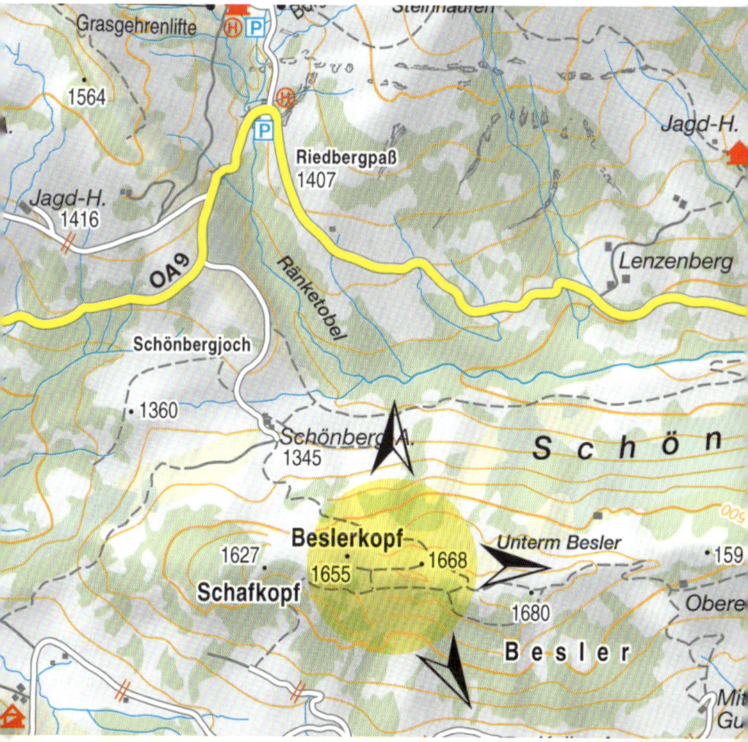

Grasgehrenlifte

Steinhaufen

1564

Jagd-H.

Riedbergpaß
1407

Jagd-H.
1416

OA9

Lenzenberg

Ränketobel

Schönbergjoch

Schön

1360

Schönberg A.
1345

Beslerkopf
1627   1655   1668   Unterm Besler   159

Schafkopf   Obere

1680

B e s l e r

Breitenberg

Anfahrt	Ziel ist Pfronten – Steinach. Am östlichen Ortsausgang Richtung Vils liegt der Parkplatz der Breitenbergbahn
Anstieg	Auffahrt mit der Kabinenbahn, Bergstation 1500 m, weiter mit der Hochalpbahn, ab deren Bergstation (1700 m) zu Fuß über breiten Weg steil aufwärts zur Ostler Hütte am Gipfel (1838 m), 35 bis 45 Min. Aufstieg
Aussicht	Nordwest bis Nordost: auf Pfronten und darüber hinweg in das Ostallgäuer Vorland, Ruine Falkenstein, Orte wie Rückholz oder Seeg, Seen (Hopfensee): exzellente Sicht! Nach Süden auf die Nordabstürze des Aggensteins, im Westen bewaldete Berge um Einstein, Schönkahler, Edelsberg und Sorgschrofen.
Einkehr	Ostler Hütte; Tel. 08363 424; Hochalphütte und Berghaus Allgäu: an der Bergstation Gondelbahn; Gasthaus an der Talstation
Bahn-Info	Tel. 08363 5820, www.breitenbergbahn.de
Wanderkarte	Zumstein Wanderkarte Nr. 2p – »Pfronten«, M 1:30 000, AVA Verlag Allgäu, Kempten

Ostler Hütte

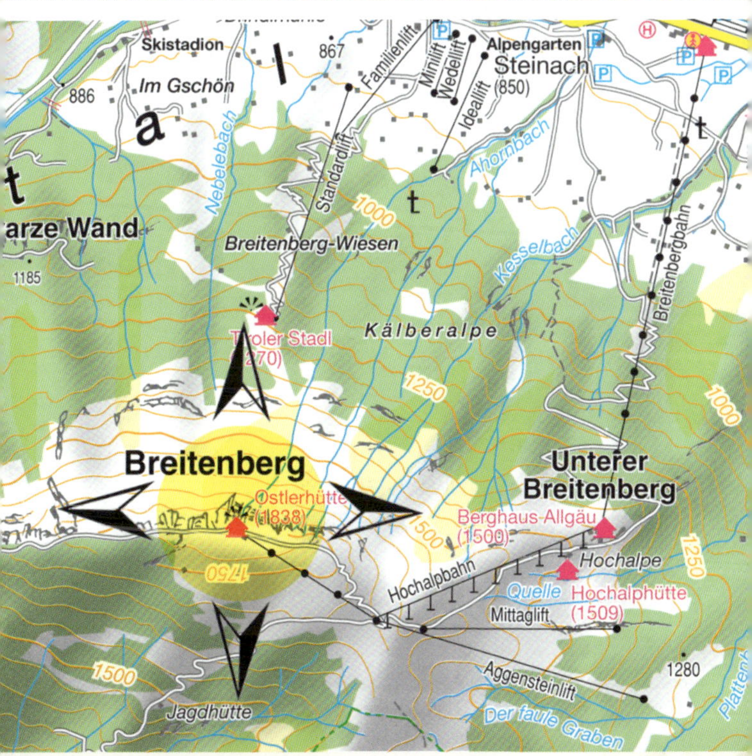

Skistadion
Im Gschön
886
867
Dirnbachtal
Alpengarten
Steinach
(850)
Familienlift
Minilift
Medellift
Ideallift
arze Wand
Nebelebach
Ahornbach
1185
Standardlift
Breitenberg-Wiesen
1090
Kesselbach
Breitenberg-Wiesen
Breitenbergbahn
Tiroler Stadl
(270)
Kälberalpe
1250
1000
Breitenberg
Ostlerhütte
(1828)
1500
Unterer Breitenberg
Berghaus Allgäu
(1509)
Hochalpe
1750
Hochalpbahn
Quelle
Hochalphütte
(1509)
1250
Mittaglift
1500
Aggensteinlift
1280
Plattenk
Jagdhütte
Der faule Graben

Aurikel

Gipfelglück auf der Ostlerhütte

Ob Sie uns zu Fuß oder per Bahn besuchen,
auf unserer Terrasse werden Sie mit einer grandiosen Aussicht belohnt.
Der Blick zu den Tiroler- und Schweizer Berge und die
Ostallgäuer Landschaft wird sie beeindrucken.
Gönnen Sie sich einen Aufenthalt bei einem kühlenden und erfrischenden
Getränk, einer herzhaften Brotzeit, oder wählen Sie eine warme Speise aus.

Die Ostlerhütte ist ein Erlebnis für Tages- und Übernachtungsgäste.
(5 Zimmer – 14 Betten – 60 Lager)

Manfred Fröis   Breitenberg 6 • 87459 Pfronten-Steinach
Tel. 0 83 63/4 24 • Fax 0 83 63/4 24

→ *Wanderkarte!*

Anfahrt	Von Sonthofen über Staig und Unterried nach Breiten (1044 m), am letzten Haus rechts 2 € Maut, dann weiter bis Parkplatz »Steig aus und wandere« (1150 m)
Anstieg	Zu Fuß über den Alpweg bis zum Ende, dort links durch Niedrigwald zum Bildstöckle, Kreuz mit Bank (1343 m), 45 Min., leicht
Aussicht	Schon am Alpweg sollte man immer wieder stehen bleiben und staunen! Die Aussicht in die Bergwelt im Süden gehört zum Feinsten! z.B. Iseler, Breitenberg, Daumengruppe, Nebelhorn, Rubihorn, Hochalpenkette mit Trettach, Mädelegabel, Widderstein und wirklich vielen, vielen anderen!
Einkehr	Auf dieser Tour gibt es keine Einkehrmöglichkeit, erst wieder im Tal
Tipp	Verlängerung dieser Wanderung über den langen, bewaldeten Gratrücken zum Tiefenbacher Eck, leicht, 1 Std., gut für Familien geeignet
Wanderkarte	Zumstein Wanderkarte Nr. 6s – »Sonthofen«, M 1:30 000, AVA Verlag Allgäu, Kempten

vermeiden!

Blick vom Bildstöckle

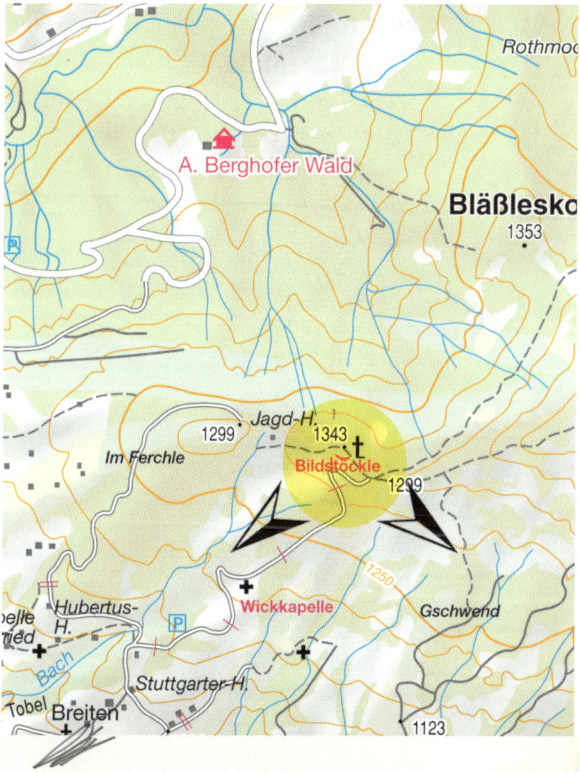

A. Berghofer Wald

Rothmoo

Bläßlesko
1353

Jagd-H.
1299
Im Ferchle
1343
Bildstöckle
1299

Wickkapelle

Hubertus-
H.
Gschwend

1250

pelle
ried

Bach

P

Stuttgarter-H.

Tobel
Breiten
1123

Buchenberggipfel (OA)

Anfahrt	Aus Richtung Kempten oder Isny (alte B 12) bis Buchenberg fahren, Parkplatz Ortsmitte oder Friedhofsnähe
Anstieg	Buchenberg Gipfel (951 m) ausgeschildert. Kurzer Weg: in Wirlinger-Straße gegenüber Friedhof Osteingang links abbiegen, gleich wieder rechts und Straße folgen bis Wegweiser Kapellenweg. Links abbiegen. Kreuzwegkapelle am Gipfel zu sehen. 10 Min.
Aussicht	Herrliche Rundumsicht von der Kapelle. Einer der Super-Ausblicke im Allgäu! Nach Norden: Buchenberg, Blender, Wiggensbach, Ermengerst. Osten: Marienberg, Kempten, Süden: gesamte Alpenkette von der Zugspitze über Allgäuer Hauptkamm zu Hochgrat und Bregenzerwälder Gipfeln. Westen: nach Durchschreiten des Buchenwäldchens: Ausläufer der Allgäuer und Schweizer Berge
Einkehr	Verschiedene Gasthäuser in Buchenberg
Tipp	Ab Ortsmitte Aufstieg über Kreuzweg
Wanderkarte	Ortsplan Buchenberg, erhältlich bei Touristinformation, Rathaussteige 2, Tel. 08378 920 222, www.buchenberg.de tourismus@buchenberg.de

Am Buchenberg

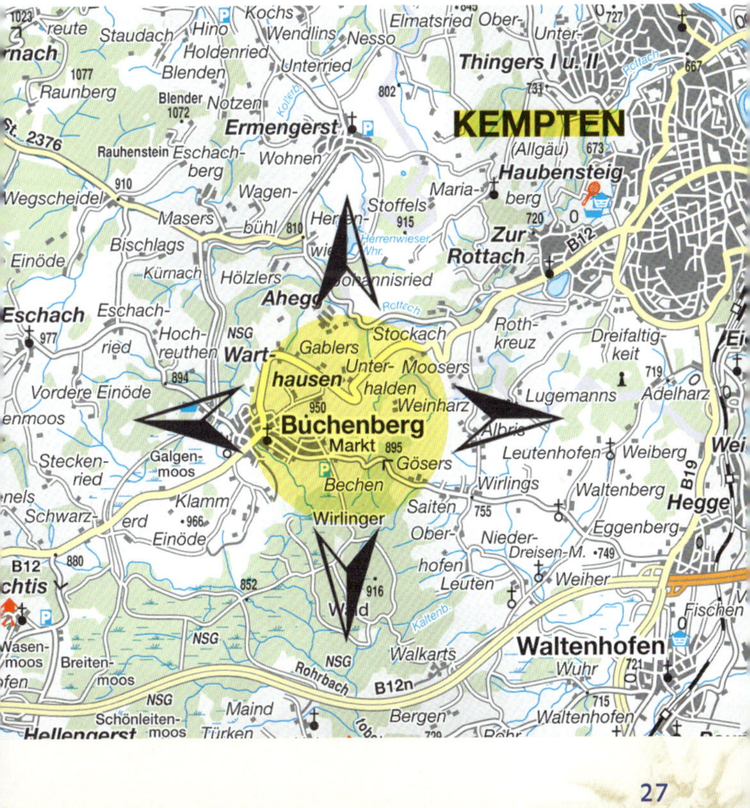

Buchenberg (OAL)

Anfahrt
Auf der B 17 von Füssen oder Steingaden bis Buching (805 m), Parkplatz der Buchenbergbahn

Anstieg
Auffahrt mit der Buchenberg-Doppelsesselbahn, Bergstation in 1142 m. Oder Fußwege ab Buching: Kulturenweg, Bachweg, je 1 1/4 Stunde

Aussicht
Als einmalig lässt sich der Blick vom Buchenberg beschreiben! Vor allem bei der Aussicht nach Westen: Bannwald-, Forggen-, Hopfensee! Alpenkette im Süden mit Säuling, Tegelberg, im Osten locken die Ammergauer Berge, und, und ...

Einkehr
Buchenberg Alm am Gipfel, herrliche Sonnenterrasse, mitten im Naturschutzgebiet. 9 bis 18 Uhr, Tel. 08368 940 763

Tipp
Wanderung in die Umgebung oder ins schöne Halblechtal hinab

Bahn-Info
Tel. 08368 91250, www.buchenbergbahn.de

Wanderkarte
Zumstein Wanderkarte Nr. 1 h – »Halblech«, M 1:30 000, AVA Verlag Allgäu, Kempten

Buching

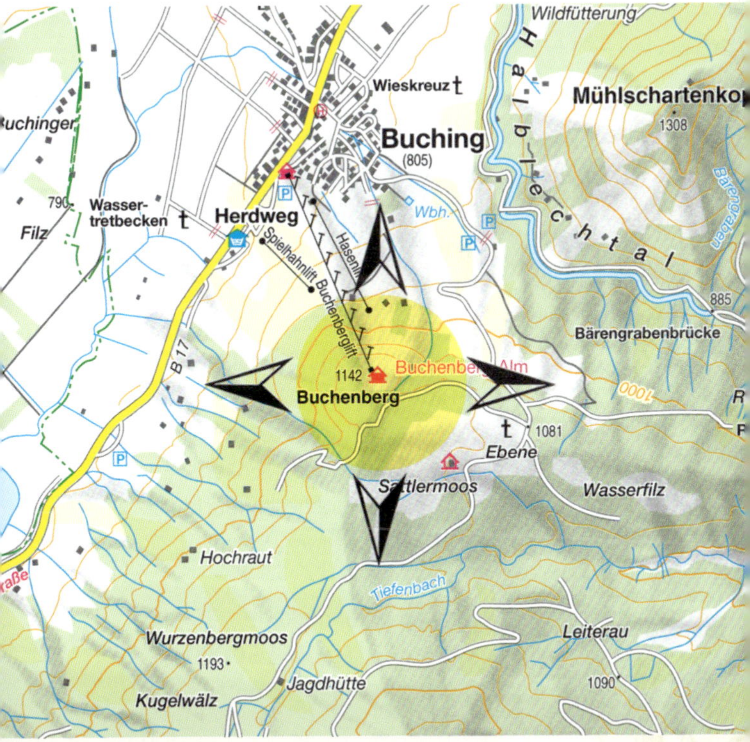

Foto: Hußmann

Wildfütterung

Mühlschartenko

1308

Wieskreuz †

Buchinger

Buching

(805)

Wasser-
tretbecken

790

Herdweg

Filz

Spielbahnlift Buchenberglift

Wbh.

Bärengrabenbrücke

885

Buchenberg Alm

1142

Buchenberg

B 17

† 1081

Ebene

Sattlermoos

Wasserfilz

Hochraut

Tiefenbach

straße

Wurzenbergmoos

1193

Leiterau

1090

Kugelwälz

Jagdhütte

Burgruine Hopfen

Anfahrt Mit PKW nach Hopfen am See nördlich von Füssen. Parken am westl. Ortsausgang, gegenüber der Kneippanlage 200 m oberhalb der Straße, P ausgewiesen.

Anstieg Vom Parkplatz (784 m) ausgeschildert in einem Bogen durch lichten Wald aufwärts bis zur Burgruine Hopfen (898 m). Leicht, 25 Min.

Aussicht Hervorragende Aussicht auf den zu Füßen liegenden Hopfensee, den schönen Ort Hopfen, darüber hinweg auf die Ostallgäuer Alpen, (Hochplatte, Säuling, Ruine Falkenstein, Tannheimer Gruppe, Breitenberg, Aggenstein), Voralpenlandschaft nördlich von Pfronten

Einkehr Genügend Möglichkeiten an der Strandpromenade von Hopfen (»Riviera des Ostallgäus«)

Tipp Von der Burgruine führen mehrere Wanderwege ab, z.B. nach Rieden am Forggensee, Enzensberg, zur Alpe Beichelstein und in die nähere Umgebung. Parken auch in Enzensberg möglich und auf beschildertem Fußweg zur Ruine. 25 Min.

Wanderkarte Zumstein Wanderkarte Nr. 1 – »Füssen«, M 1:30 000, AVA Verlag Allgäu, Kempten

Burgruine Hopfen

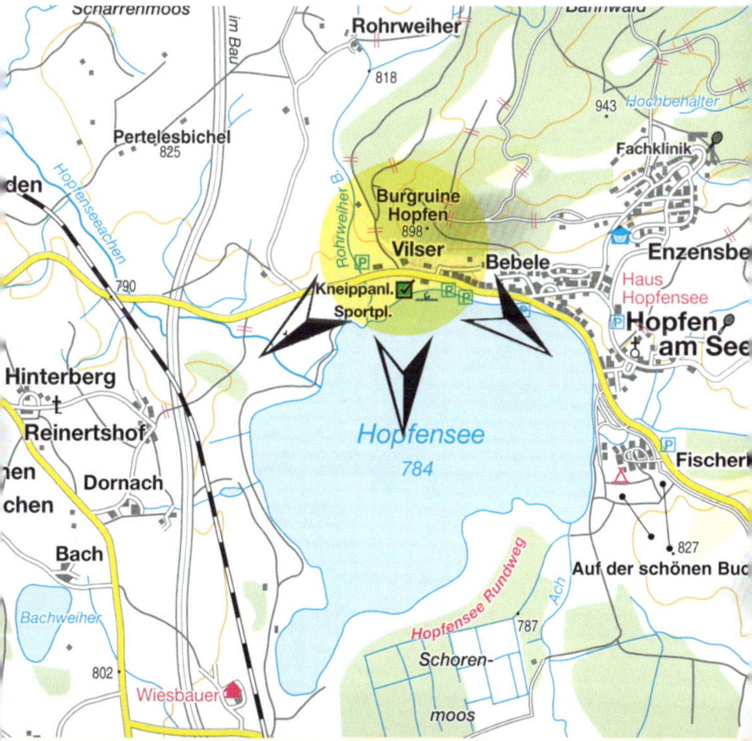

Foto: Hubmann

Hopfensee

Einstein

30. P. 15⁰⁰ (handwritten)

Anfahrt	Ins Tannheimer Tal bis zum Parkplatz (1100 m) zwischen Tannheim und Ortsteil Berg neben der Hauptstraße
Anstieg	Zu Fuß durch den Ortsteil Berg und auf ausgeschildertem Steig, später über steilere Serpentinen Richtung Gipfel (1867 m), letzte 60 Meter schrofig, mittelschwer, 2 Std.
Aussicht	Herrliche Rundsicht! Schwerpunkt die umgebenden Berge des Tannheimer Tales (Geißhorn, Rohnenspitze, Ponten, Sulzspitze, Lailach, Gaichtspitze, Aggenstein, Schönkahler). Besonders hübscher Tiefblick ins Tannheimer Tal mit seinen Orten.
Einkehr	Gasthaus in Berg, sonst in Tannheim
Tipp	Besteigung auch vom »Gasthof Zugspitzblick« in Zöblen möglich, 1 1/2 bis 2 Std. Leicht/mittelschwer. Ebenso aus dem Engetal über die Einsteinalpe, aber nordseitig und teilweise steil!
Wanderkarte	Zumstein Wanderkarte Nr. 7 – »Tannheimer Tal«, M 1:25 000, AVA Verlag Allgäu, Kempten

Blick vom Einstein

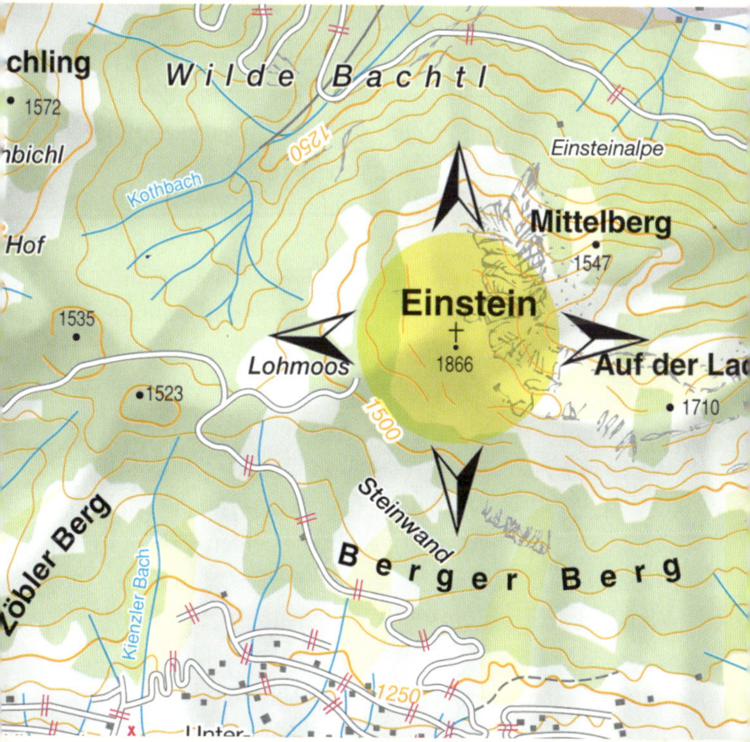

chling
• 1572

bichl

Hof

• 1535

• 1523

Zöbler Berg

Wilde Bachtl

Kothbach

Lohmoos

Steinwand

Berger Berg

Kienzler Bach

Einsteinalpe

Mittelberg
• 1547

Einstein
†
1866

Auf der Lad

• 1710

1250

1500

1250

Unter-

Anfahrt

Von Hopferau über Eisenberg nach Zell, desgleichen von Pfronten-Kreuzegg oder Weißensee

Anstieg

Von Zell Richtung Schlossbergalm, unterwegs Parkmöglichkeiten. PKW-Zufahrt bis Schlossbergalm (985 m) möglich. Von dort zu Fuß zu den Ruinen Eisenberg (1055 m, 20 Min., leicht) und Hohenfreyberg (weitere 15 Min., leicht).

Aussicht

Die Aussicht von den Ruinen in die Ostallgäuer Alpen ist bemerkenswert und lohnt den kleinen Aufstieg. Besonders die Berge um Füssen und Pfronten/Nesselwang fallen ins Auge. Hübsch auch die nähere und weitere Umgebung der Ruinen nach allen Himmelsrichtungen (Neuschwanstein!). Seenlandschaft im Westen/Norden!

Einkehr

Gasthaus Schlossbergalm unterhalb der Ruinen, Tel. 08363 1748. Weitere Gasthäuser in Zell und Eisenberg.

Tipp

Wanderung ab Zell in 40 Min. zur Schlossbergalm. Ruinen besichtigen! Wanderungen zu Schlossweiher oder Wallfahrtskirche in Speiden.

Wanderkarte

Zumstein Wanderkarte Nr. 1 oder 2p – »Füssen« bzw. »Pfronten«, M 1:30 000, AVA Verlag Allgäu, Kempten

Eisenberg

Baumgarten
Tannenmühle
Schwarzenbach
(876)
. 935
Lieben
Weizern
Drachenköpfle
Schloßwhr.
Ruine
Hohen-Freyberg
1009
1041 .
Ruine Eisenberg
Eisenberg
(Pröbsten)
809
1055
Schloßberg
985
Gockelwirt
854
Spei
(616)
Zell
(902)
821
Unter
Bären
. 879
930
Holz

Pfronten → Meilinger, dort Höhen-Weg

Anfahrt	Mit PKW nach Pfronten (893 m). Parkplatz am Beginn des »König-Ludwig-Weges«. Weitere Auffahrt möglich, aber gebührenpflichtig und zeitlich gebunden.
Anstieg	Vom ersten Parkplatz Aufstieg über den König-Ludwig-Weg in 1 3/4 Std. zur höchstgelegenen Ruine (1277 m) Deutschlands. Ab Burghotel 15 Min., ab Schloßangeralpe (hier Wanderparkplatz) 45 Min.
Aussicht	Sie verdient 5 Sterne! Grandioser Rundblick in die Berg- und Tälerwelt des Ostallgäus und Tirols. Neue Aussichtsplattform. Hervorzuheben: Zugspitze, Säuling, Aggenstein, Breitenberg, Tannheimer. Auerberg im Vorland, herrlich die Seen: Forggen-, Hopfen-, Weißensee, Pfronten, das Vilstal, Zirmengrat und ein großes Stück vom Alpenvorland.
Einkehr	Burghotel Falkenstein, Tel. 08363 914540; Schloßangeralpe, Tel. 08363 914550
Tipp	Wanderung rund um den Falkenstein, Besuch von Mariengrotte und Spielhahnjägerkreuz
Wanderkarte	Zumstein Wanderkarte Nr. 2p – »Pfronten«, M 1:30 000, AVA Verlag Allgäu, Kempten

Foto: Hubmann

Ruine Falkenstein

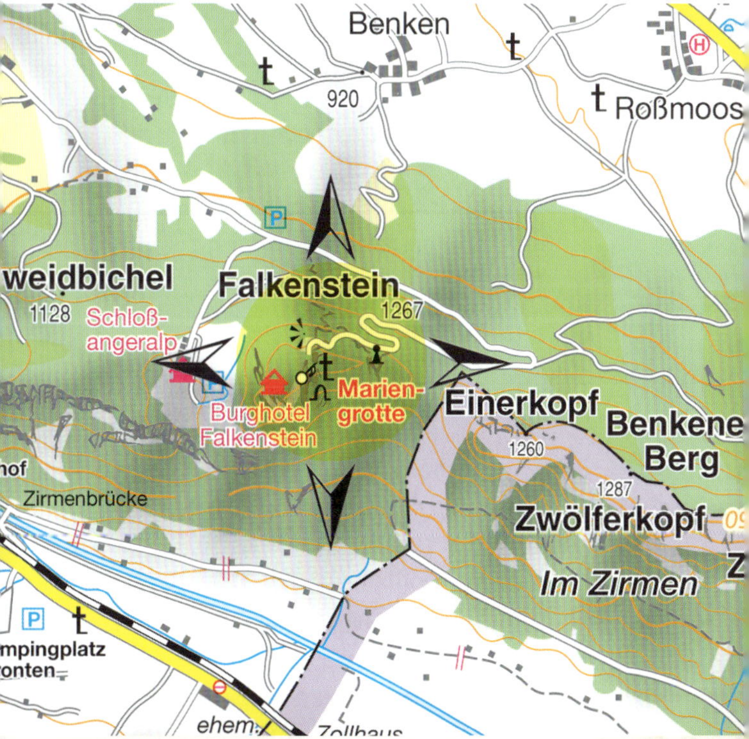

Benken

Roßmoos

920

weidbichel

1128

Falkenstein

1267

Schloß-
angeralp

Marien-
grotte

Einerkopf

Burghotel
Falkenstein

1260

Benkene
Berg

hof

1287

Zirmenbrücke

Zwölferkopf

Im Zirmen

mpingplatz
onten

ehem. Zollhaus

Falkenstein/Rettenberg

Anfahrt
Von Rettenberg Richtung Sterklis, Abzweig nach Hinterberg, Parkplatz bei letztem Haus (1040 m)

Anstieg
Vom Parkplatz links am Bauernhaus vorbei, zuerst Feldweg, dann links abbiegend Steig am Grat entlang durch Wald, über Nagelfluhbänke zum Gipfelkreuz (1116 m)

Aussicht
Felsen stürzen nach Norden senkrecht ab. Schöne Sicht von Oberstdorf über Immenstadt (Nagelfluhkette!) zum Bergstättgebiet mit Hauchenberg, bis Kempten und Marktoberdorf; eindrucksvoller Tiefblick nach Humbach und Gindels, auf das Boschwerk, die Iller und die neue B 19.

Einkehr
Nach dieser Tour nur in Rettenberg oder ggf. Kranzegg möglich

Tipp
Schöner Aufstieg auch von Rettenberg über den Aussichtspavillon Gebhardshöhe 1 1/2 Std., leicht. Oder vom Parkplatz östlich von Untermaiselstein, 1 3/4 Std., leicht.

Wanderkarte
Zumstein Wanderkarte Nr. 6 – »Immenstadt«, M 1:30 000, AVA Verlag Allgäu, Kempten

Am Falkenstein

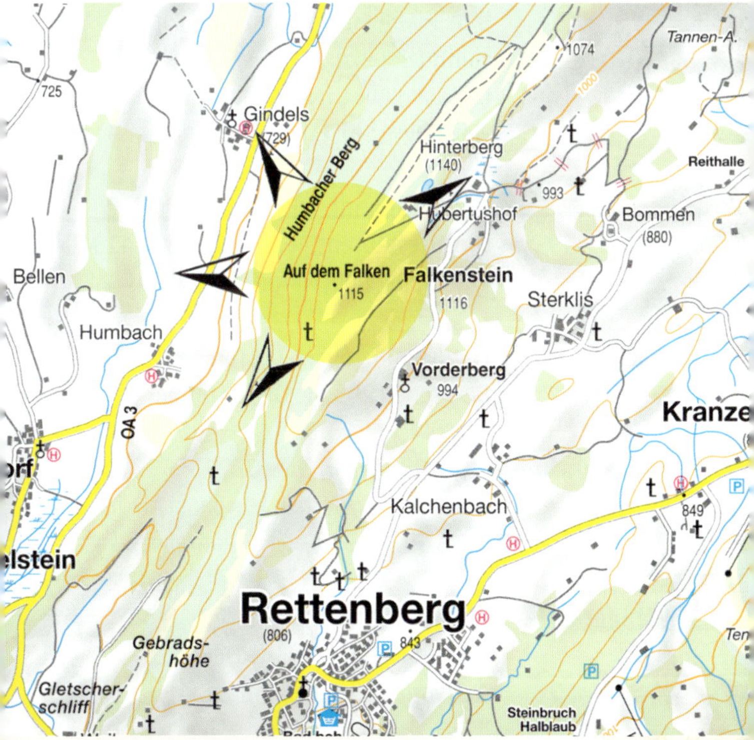

Anfahrt	Nach Oberstdorf und in das Stillachtal zum Parkplatz an der Fellhornbahn. Auch mit Bus ab Oberstdorf. Oder ins Kleinwalsertal zum Parkplatz der Kanzelwandbahn in Riezlern.
Anstieg	Mit der Fellhornbahn zur Gipfelstation, Aufstieg über Treppenanlage zum Gipfelkreuz (2039 m), 15 Min. Von der Kanzelwand über Gundsattel zum Fellhorn, 1 1/2 bis 2 Std.
Aussicht	Panorama! Überragend ins Kleinwalsertal und umrahmende Berge, wie Ifen, Widderstein, Schafalpenköpfe, Hammerspitze. Allgäuer Hochalpen (Mädelegabel, Trettachspitze, Höfats, Nebelhorn), Richtung Oberstdorf.
Einkehr	Bergrestaurant, Tel. 08322 9600 412 Gipfelrestaurant, Tel. 08322 9600 413 Alpe Schlappolt; Naturfreundehaus
Tipp	Naturschutzgebiet, Lehrpfad, Bergschau 2037 in Gipfelstation
Bahn-Info	Tel. 08322 96000, Info 0700 555 33 888; www.fellhorn.de; Kanzelwandbahn: Tel. 0043 5517 52740, www.kanzelwand.at
Wanderkarte	Zumstein Wanderkarte Nr. 4 – »Oberstdorf«, M 1:30 000, AVA Verlag Allgäu, Kempten

Fellhorn

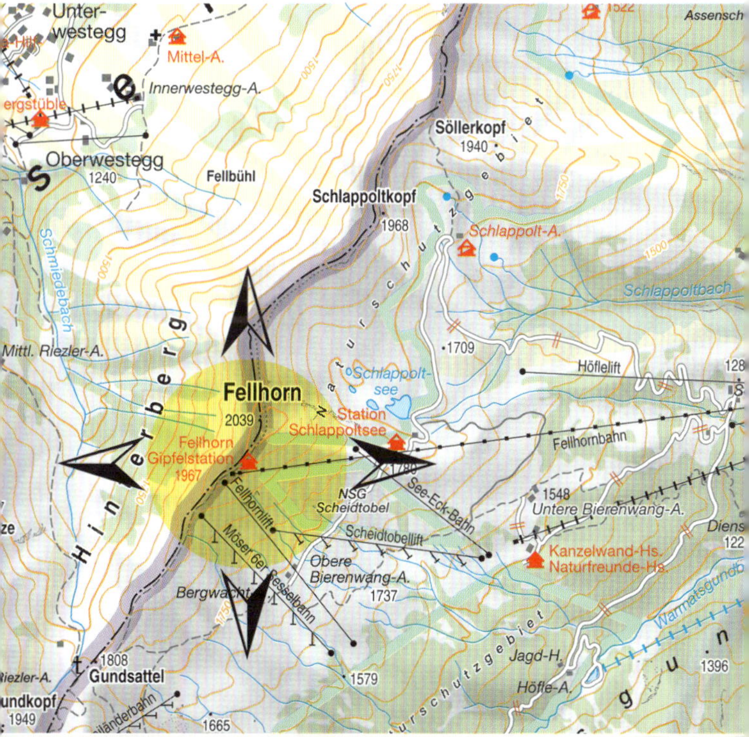

Unter-
westegg
Mittel-A.
Innerwestegg-A.
ergstüble
Oberwestegg
1240
Fellbühl
Assensch
1522
Söllerkopf
1940
Schlappoltkopf
1968
Schlappolt-A.
Schlappoltbach
Schmiedebach
Mittl. Riezler-A.
Schlappolt-
see
•1709
Höflelift
128
Fellhorn
2039
Station
Schlappoltsee
Fellhornbahn
Fellhorn
Gipfelstation
1967
Fellhornlift
See-Eck-Bahn
1548
Untere Bierenwang-A.
Diens
122
NSG
Scheidtobel
Moser Sessel
Sessalbahn
Scheidtobellift
Kanzelwand-Hs.
Naturfreunde-Hs.
Obere
Bierenwang-A.
1737
Bergwacht
1808
Gundsattel
1579
Jagd-H.
Höfle-A.
Warmatsgundb
Riezler-A.
undkopf
1949
1665
1396

43

Füssener Jöchle/Sefenspitze

[handschriftliche Notiz: 30.8. 15]

[handschriftliche Notiz: Grän verdanken]

Anfahrt	Durch das Tannheimer Tal bis nach Grän (1138 m), Parkplatz der Füssener Jöchle Gondelbahn *= links*
Anstieg	Auffahrt mit der Gondelbahn zum Füssener Jöchle (1821 m), oder zu Fuß in 2 Std. Weiter zur Sefenspitze 35 bis 40 Min., leicht und lohnend! *? ~15€*
Aussicht	Nach Nordosten ins Ostallgäuer Voralpenland, Vilser Kegel, Südosten: Läuferspitze, Tannheimer Berge, im Süden Krinnenspitze, Litnisschrofen und Vilsalpseegruppe. Westlich: Tannheimer Tal, Geißhorn
Einkehr	Sonnenalm an der Bergstation, schöne Aussichtsterrasse, Tel. 0043 5675 5129
Tipp	Wanderung über den Gräner Höhenweg zur Bad Kissinger Hütte
Bahn-Info	Tel. 0043 5675 6363, www.lifte-graen.com
Wanderkarte	Zumstein Wanderkarte Nr. 7 – »Tannheimer Tal«, M 1:25 000, AVA Verlag Allgäu, Kempten

Füssener Jöchle

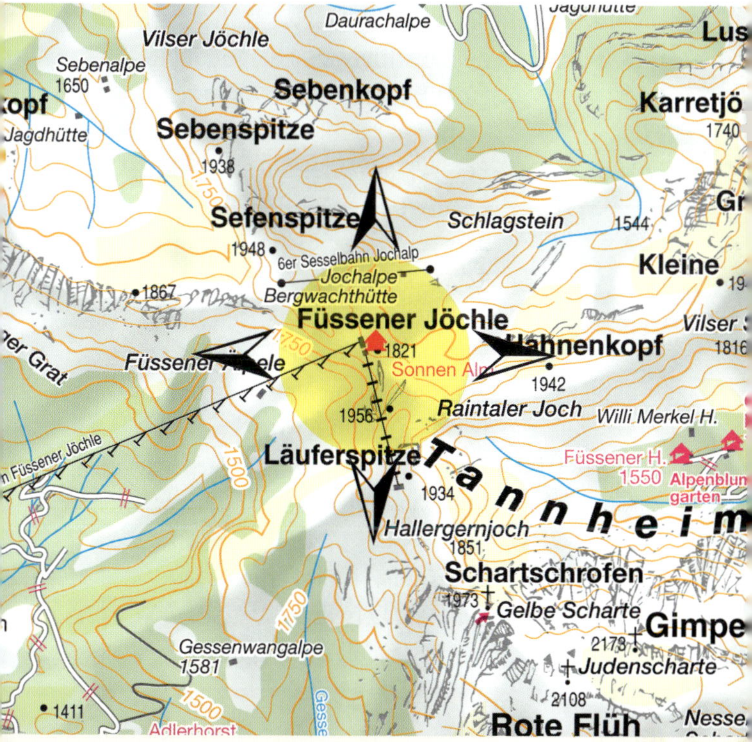

Daurachalpe
Jagdhütte
Lus

Vilser Jöchle

Sebenalpe
1650

Sebenkopf

Karretjö
1740

opf
Jagdhütte

Sebenspitze

• 1938

Sefenspitze
1948

Schlagstein

1544

Gr

6er Sesselbahn Jochalp

• 1867

Jochalpe
Bergwachthütte

Kleine
• 19

Füssener Jöchle
• 1821

Füssener Jöchele

Sonnen Alm

Hahnenkopf
1942

Vilser S
1816

er Grat

1956

Raintaler Joch

Willi Merkel H.

n Füssener Jöchle

Läuferspitze

• 1934

Füssener H.
1550
Alpenblum
garten

T a n n h e i m

Hallergernjoch
1851

Schartschrofen
1973

Gelbe Scharte

Gessenwangalpe
1581

Gimpe

2179
Judenscharte

• 1411

Adlerhorst

2108

Rote Flüh

Nesse

Gerstruben

Anfahrt Von Oberstdorf zum Parkplatz am Renksteg, weiter zu Fuß nach Gerstruben, 1 1/2 bis 2 Std., auch Marktbähnle 1 x pro Woche

Anstieg Aus dem Trettachtal über die Straße oder durch den Hölltobel nach Gerstruben. Abstieg über den Rautweg nach Christlessee und zurück zum Renksteg.

Aussicht Das Museumsdorf Gerstruben als Ganzes ist einen Besuch wert! Von dort der Blick auf Höfats-Westgipfel und ins Dietersbacher Tal. Besonders hübsch ist der Blick von Raut westlich gegenüber auf Gerstruben und Berge dahinter! Eindrucksvoll im Herbst (Farben!)

Einkehr Berggasthof Gerstruben, Familie Dodier, Tel. 08322 959 290; Alpe Dietersbach, Fam. Bickel

Tipp Falls Museum geschlossen, beim Wirt Dodier nach Schlüssel fragen. Spaziergang zur Alpe Dietersbach, leicht (50 Min.). Abstieg nach Raut nicht direkt nehmen, sondern über die historische Säge.

Wanderkarte Zumstein Wanderkarte Nr. 4 – »Oberstdorf«, M 1:30 000, AVA Verlag Allgäu, Kempten

In Gerstruben

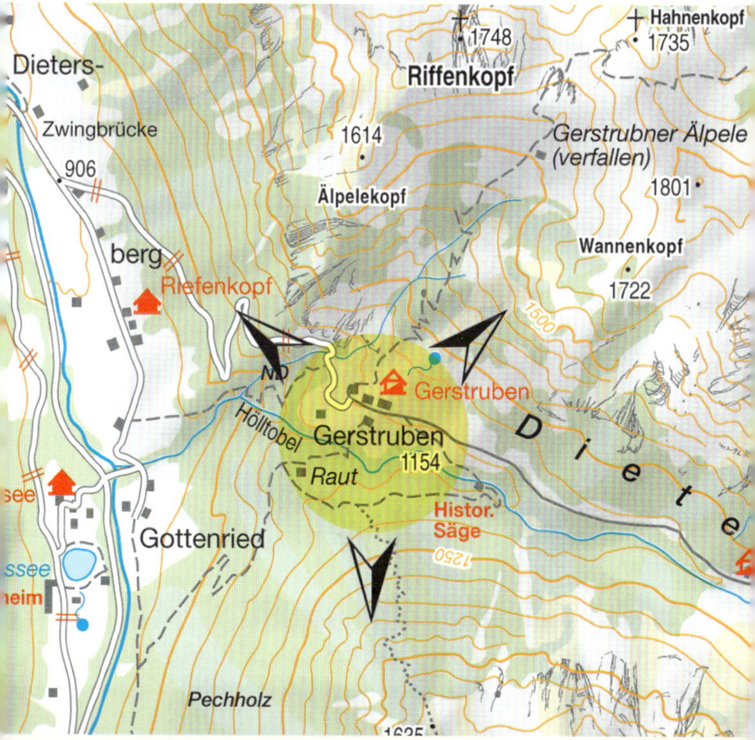

Dieters-
Zwingbrücke
906
berg
Riefenkopf
ND
Hölltobel
Gottenried
ssee
heim
Raut
Pechholz
1625

Hahnenkopf
1735
1748
Riffenkopf
1614
Gerstrubner Älpele
(verfallen)
1801
Älpelekopf
Wannenkopf
1722
1500
Gerstruben
Gerstruben
1154
Histor.
Säge
1250
Diete

Grüntenbahn

Anfahrt	Zur Bahn: Von Rettenberg nach Altach, weiter Richtung Wagneritz, Parkplatz an der Grüntenbahn. Zur Wanderung: zwischen Rettenberg und Kranzegg südlich Richtung Kammeregg, Parkplatz unterhalb der Alpe Kammeregg. Von Burgberg zum Gasthof Alpenblick mit Parkplatz.
Anstieg	Mit der Seilbahn jeden Donnerstag im Sommer zur Bergstation, weiter in 20 Min. zum Jägerdenkmal am Gipfel (1738 m). Zu Fuß vom Parkplatz Kammeregg in 1 1/2 Std. Vom Gasthaus Alpenblick in 2 Std., unschwer.
Aussicht	Panorama! Eines der schönsten im ganzen Allgäu. Von den Schweizer Bergen (Säntis) im Westen über den gesamten Alpenkamm Vorarlberg/Allgäu im Süden bis zur Zugspitze im Osten, und über das Alpenvorland im Norden zur Donau (Gundremmingen), Kempten, Marktoberdorf.
Einkehr	Grüntenhaus, Alpe Kammeregg, Grüntenhütte, Jörg Alpe, Berggasthof Kranzegg, Alpenblick, Obere Schwande, Alpe Kalkhöf
Bahn-Info	Gäste-/ Sportamt Rettenberg, Tel. 08327 93040, www.rettenberg.de
Wanderkarte	Zumstein Wanderkarte Nr. 6 – »Immenstadt«, M 1:30 000, AVA Verlag Allgäu, Kempten

Jägerdenkmal am Grünten

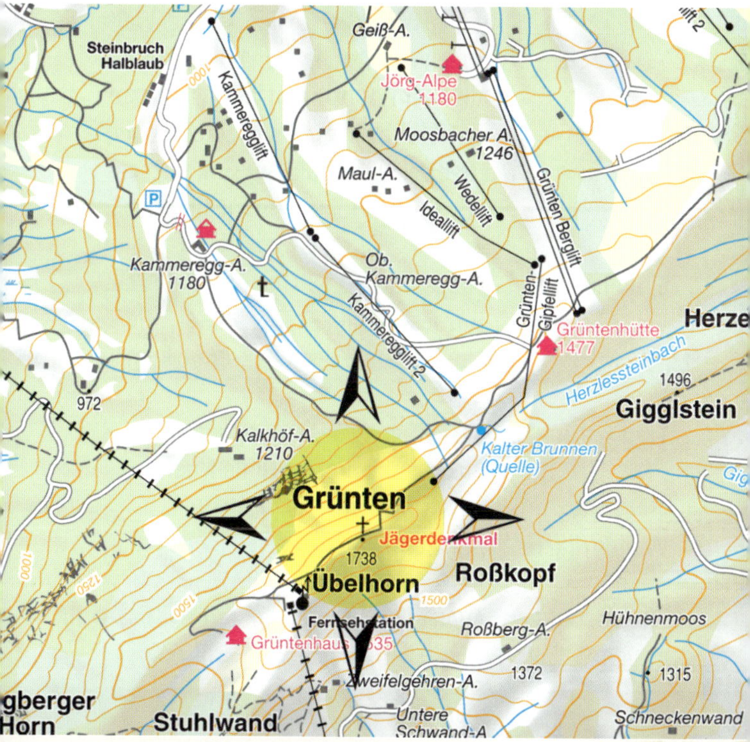

von Diepolz aus

Anfahrt

Von Immenstadt, Missen oder Niedersonthofen nach Diepolz (1037 m), verschiedene Parkplätze beim Bergbauernmuseum

Anstieg

An der Kirche vorbei über einen Feldweg aufwärts, Höfle Alpe links liegen lassen, weiter über Weiden, teilweise durch Wald zum Grat und über diesen westlich zum neuen Aussichtsturm am Gipfel (1248 m). 1 Std., leicht. Auch von Waltrams/Weitnau möglich.

Aussicht

Umfassendes Panorama! Einer der besten Aussichtsplätze der Gegend. Weiter Bogen von Ostallgäuer Alpen über den Allgäuer Hauptkamm bis nach Westen. Im Norden die sanft gewellten Höhenzüge der Nagelfluh, ringsum Wiesen, Dörfer und Wälder: ein friedliches Bild!

Einkehr

Klings Hütte (1180 m) unterhalb des Turmes. In Diepolz Gaststätten. Höfle Alpe oberhalb Bergbauernmuseum.

Tipp

Besichtigung des Bergbauernmuseums, der Kirche und Höfle Alpe!

Wanderkarte

Zumstein Wanderkarte Nr. 6 – »Immenstadt«, M 1:30 000, AVA Verlag Allgäu, Kempten

Aussichtsturm am Hauchenberg

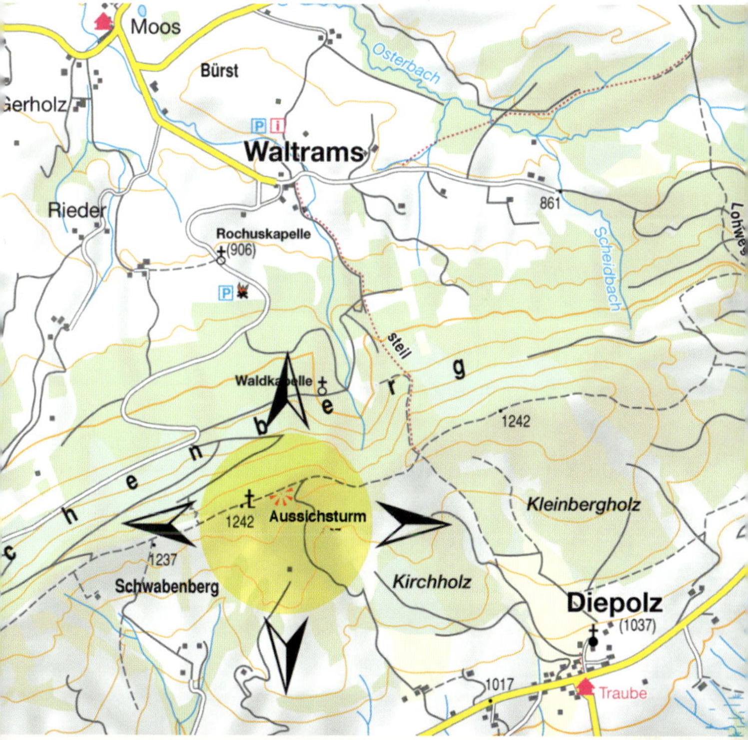

Hochgrat

Anfahrt	Von Oberstaufen nach Steibis, weiter durchs Weißachtal zum Parkplatz der Hochgratbahn (840 m)
Anstieg	Mit der Hochgratbahn zur Bergstation (1708 m), weiter zu Fuß zum Gipfel (1834 m), 40 Min., leicht
Aussicht	Panorama! Von der Schweiz (Säntis) über die Vorarlberger Alpen (Scesaplana, Zimba, Winterstaude) zum Allgäuer Hauptkamm und Ostallgäu. Bodenseegegend, württembergisches Alpenvorland, Oberstaufen!
Einkehr	Bergrestaurant, Tel. 08386 8332; Staufner Haus, Tel. 08386 8255, www.staufner-haus.de
Tipp	Lohnendes Wandergebiet, vor allem Richtung Stuiben – Mittag; zum Rindalphorn, ins Weißachtal
Bahn-Info	Tel. 08386 8222, www.hochgratbahn.de
Wanderkarte	Zumstein Wanderkarte Nr. 8 – »Oberstaufen«, M 1:35 000, AVA Verlag Allgäu, Kempten

Blick vom Hochgrat auf Rindalphorn

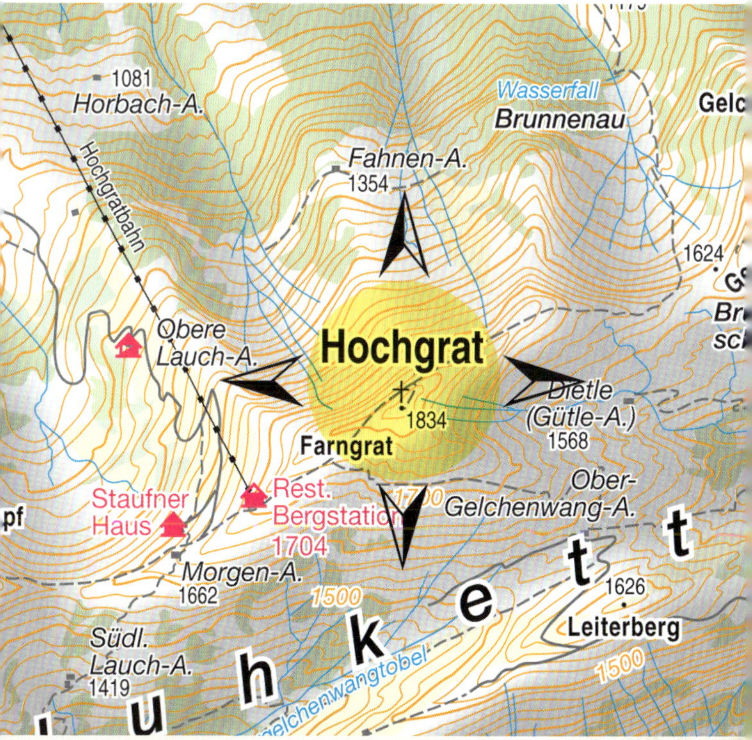

Horbach-A. 1081

Hochgratbahn

Wasserfall
Brunnenau

Gelc

Fahnen-A.
1354

1624

G
Br
sch

Obere
Lauch-A.

Hochgrat

1834

Dietle
(Gütle-A.)
1568

Farngrat

pf

Staufner
Haus

Rest.
Bergstation
1704

Ober-
Gelchenwang-A.

Morgen-A.
1662

1700

Südl.
Lauch-A.
1419

1500

1626

Leiterberg

uhkett

Gelchenwangtobel

1500

Anfahrt Von Riezlern, Kleinwalsertal, nach der Breitachbrücke rechts ins einsame Schwarzwassertal, weiter bis Parkplatz an der Auenhütte (1273 m)

Anstieg Mit der Doppelsesselbahn zur Ifenhütte (1586 m), weiter zu Fuß durch die Ifenmulde aufwärts, in Höhe Bergstation Schlepplift Fußspuren nach links folgen. Steig führt durch Ifenmauer auf Gipfelplateau und oben zum Kreuz (2232 m) 2 Std., mittelschwer.

Aussicht Panorama mit Schwerpunkt nach Westen in den Bregenzer Wald und seine Gipfel (Kanisfluh), und Ost-Südost zum Allgäuer Hauptkamm (Mädelegabel, Trettachspitze), Widderstein gegenüber. Fellhornzug. Talblick Richtung Riezlern, nördlich: Gottesackerplateau.

Einkehr Auenhütte, Tel. 0043 5517 52265; Ifenhütte, Tel. 0043 6643 400 693; Bergader Bergstation, 0043 5517 54240

Tipp Schöne Bergtour, Trittsicherheit nötig, Wanderung über Gottesackerplateau! Südlicher Aufstieg über Schwarzwasserhütte.

Wanderkarte Zumstein Wanderkarte Nr. 5 – »Kleinwalsertal«, M 1:25 000, AVA Verlag Allgäu, Kempten

Der Hohe Ifen

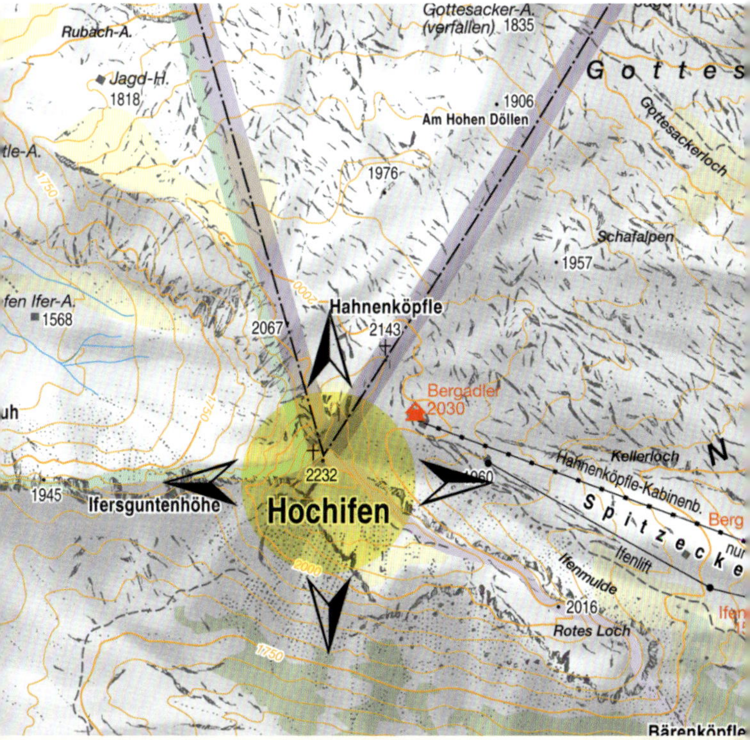

Rubach-A.

Gottesacker-A.
(verfallen) 1835

G o t t e s

Jagd-H.
1818

Am Hohen Döllen • 1906

Gottesackerloch

tle-A.

1976

Schafalpen

• 1957

fen Ifer-A.

• 1568

Hahnenköpfle
2067   • 2143

Bergadler
2030

Kellerloch

Hahnenköpfle-Kabinenb.

N

Berg

1945

Ifersguntenhöhe

• 1960

S p i t z e c k e

Hochifen

Ifenlift

2232

Ifenmulde

Ifen

• 2016

Rotes Loch

Bärenköpfle

Hündlekopf

Anfahrt	Von Oberstaufen oder Immenstadt über die B 308 (Deutsche Alpenstraße) bis Parkplatz Hündlebahn
Anstieg	Mit der Hündlebahn zur Bergstation (1055 m), von dort zu Fuß zum Gipfel (1112 m), 30 Min., leicht. Wanderung auch möglich von Buchenegg oder Moosalpe/Thalkirchdorf.
Aussicht	Vor allem nach Westen Richtung Steibis, Hochhädrich, Vorarlberg und Schweiz.Über Alpweideflächen entlang der Nagelfluhkette nach Osten, Thaler-Salmaser Höhenzug und Konstanzer Tal.
Einkehr	Hündle Stube im Tal, Tel. 08386 7753 s'Hündle am Berg, Tel. 08386 1720 Hündle Alpe
Tipp	Sommerrodelbahn! Weiträumiges Wandergebiet, Erlebnis-Lehrwanderweg, Buchenegger Wasserfälle
Bahn-Info	Tel. 08386 2720; Info: 08386 96 0000 www.huendle.de
Wanderkarte	Zumstein Wanderkarte Nr. 8 – »Oberstaufen«, M 1:35 000, AVA Verlag Allgäu, Kempten

Am Hündlekopf

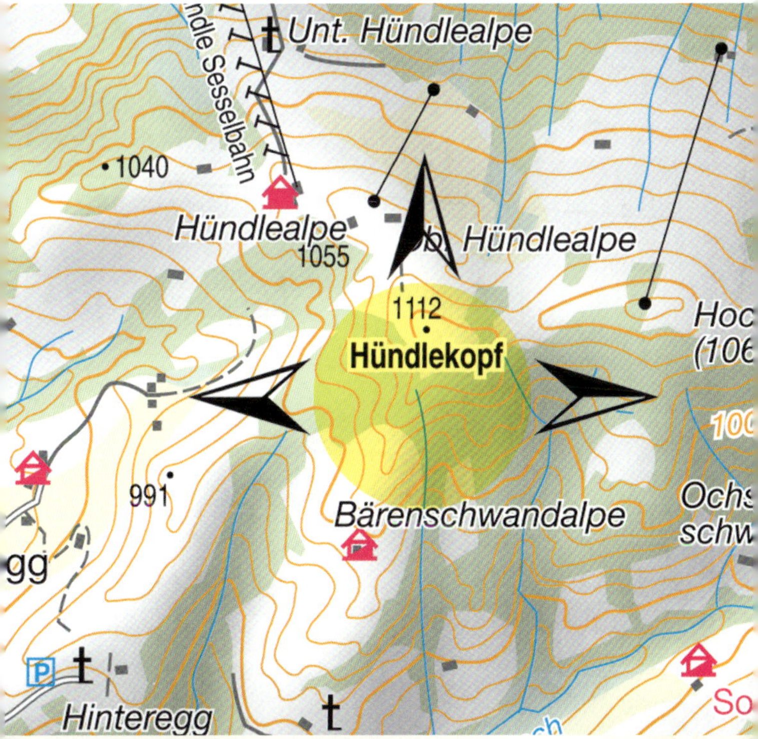

Unt. Hündlealpe

ndle Sesselbahn

• 1040

Hündlealpe
1055

b. Hündlealpe

1112

Hündlekopf

991

Bärenschwandalpe

Hoc
(106

Ochs
schw

gg

Hinteregg

So

57

Allgäuer Braunvieh

Nickende Distel

HÜNDLE
ERLEBNISBAHNEN

Hündle Erlebnisbahnen
87534 Oberstaufen
Tel: 0 83 86 - 27 20
www.huendle.de
info@huendle.de

Rodelbahn: 10 - 17 Uhr
(bei trockener Witterung)
Sesselbahn: 9 - 16.30 Uhr

Traumhaft schönes Familien-Wandergebiet

- Sommerrodelbahn
- Erlebniswanderweg
- Spielplätze
- Minigolfplatz
- Kleintiergehege
- Buchenegger Wasserfälle
- Herrliches Panorama Alpsee bis zu den Schweizer Bergen
- Hütte für Kindergeburtstage
- Gemütliche Einkehrmöglichkeiten
- Premiumwanderweg „Wildes Wasser"

Ein Spaß für die ganze Familie

Steibis - In der Au 19
87534 Oberstaufen
Tel: 0 83 86 - 81 12
www.imbergbahn.de
info@imbergbahn.de
Geöffnet: 9.00 - 16.30 Uhr

IMBERGBAHN SKIARENA
STEIBIS

Ein Erlebnis für Groß und Klein

- Einzigartiges Panorama
- Herrliches Wandergebiet
- Zünftige Hütten
- Premiumwanderweg „Alpenfreiheit"

Klettergarten an der Hohenegg

- Familienfreundliche Preise
- Klettergarten
- Alperlebnispfad mit 47 Stationen

Imberger Horn

Anfahrt	Von Sonthofen kommend am Kreisel vor Bad Hindelang rechts Richtung Hinterstein, nach 500 Meter rechts Parkplatz der Hornbahn
Anstieg	Auffahrt mit der Gondel zur Bergstation (1320 m), zu Fuß rechts hinauf (Wegweiser) Richtung Straußberg-sattel, Wegweiser links zum Imberger Horn beachten, in Serpentinen zum Gipfel (1656 m), unschwierig, 1 Std.
Aussicht	Prachtvolle Aussicht auf Daumengruppe, Rotspitze, Breitenberg, Oberjoch, Iseler, Hirschberg, Spießer, Bad Hindelang, Os-trachtal, Illertal mit u.a. Sonthofen, Hör-nergruppe. Hauptkamm mit Nebelhorn.
Einkehr	Berggasthof Gletscherspalte, Tel. 08324 651 ggf. Neue Straußberg Alpe, Horn-Café oder Alpe Mitterhaus/ Retterschwanger Tal
Tipp	Vom Imberger Horn Direktabstieg zum Straußbergsattel (unschwierig) und weiter zur Alpe Mitterhaus
Bahn-Info	Tel. 08324 2404, www.hornbahn-hindelang.de
Wanderkarte	Zumstein Wanderkarte Nr. 3 – »Bad Hindelang«, M 1:25 000, AVA Verlag Allgäu, Kempten

Bad Hindelang mit Imberger Horn

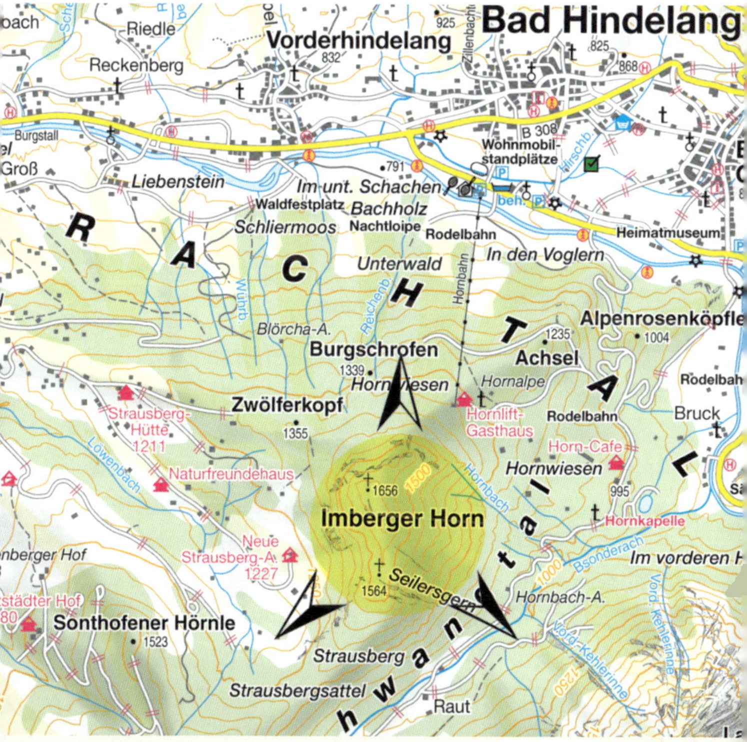

23 Iseler

Anfahrt	Von Bad Hindelang, Wertach oder Tannheimer Tal nach Oberjoch (1136 m), Parkplatz der Iseler Bahn
Anstieg	Mit der Gondel zur Bergstation (1520 m), weiter in Serpentinen zum Grat und darüber zum Gipfel (1876 m) 1 Std., unschwierig
Aussicht	Schöner Blick ins Tannheimer Tal, Einstein, Aggenstein. Gegenüber Bschießer und Rohnenspitze. Im Westen Blick entlang des Ostrachtales nach Bad Hindelang, Sonthofen, auf die Nagelfluhkette. Schön liegen Oberjoch, Breitenberg, Rotspitze und Daumengruppe.
Einkehr	Iseler Platz Hütte, Tel. 0170 415 1710 Meckatzer Sportalp, Tel. 08324 973753 Vordere Wiedhagalpe, Zipfelsalpe, Untere Ochsenalpe
Tipp	Abstieg über Zipfelsalpe nach Hinterstein, oder über Untere Ochsenalpe nach Oberjoch
Bahn-Info	Tel. 08324 973784, www.bergbahnenhindelang-oberjoch.de
Wanderkarte	Zumstein Wanderkarte Nr. 3 – »Bad Hindelang«, M 1:25 000, AVA Verlag Allgäu, Kempten

Ostrachtal vom Iseler

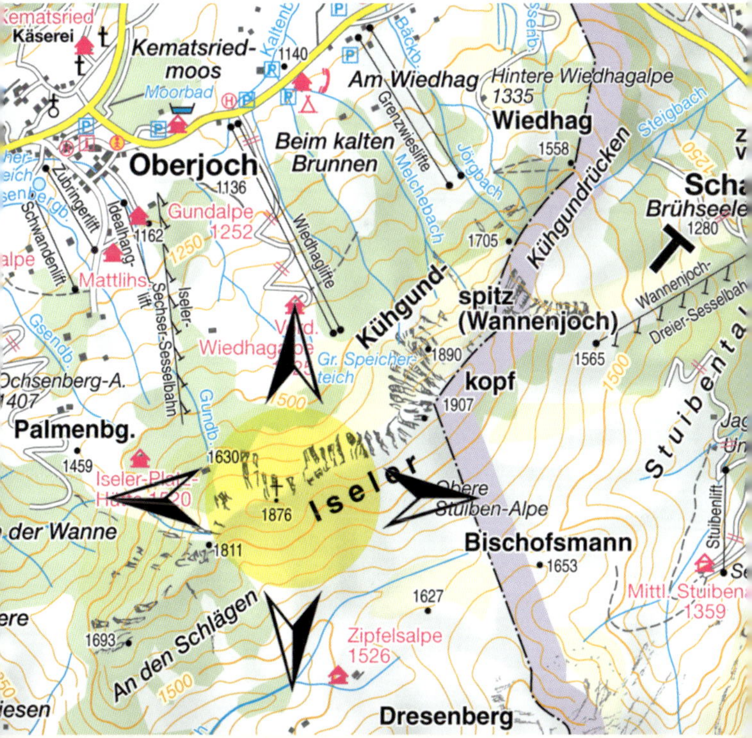

Anfahrt
Die »Kanzel« liegt an der Jochstraße zwischen Bad Hindelang (825 m) und Oberjoch (1136 m). Höhenlage der Kanzel ca. 1050 m ü. M. Bau der ersten Jochstraße schon 1540.

Anstieg
Parkplätze direkt an der Felsenenge neben der Kanzel, zu Fuß 2 Min.

Aussicht
Hervorragende Aussicht in das Ostrachtal mit Bad Hindelang gleich unterhalb, Überblick über die Jochstraße (7 km mit 105 Kurven). Südwestlich: Breitenberg, Rotspitze, Imberger Horn. Westlich die Berge des Illertales. Nordwestlich Kleiner Hirschberg mit Hirschbachtobel.

Einkehr
Kiosk an der Kanzel; Gasthäuser in Oberjoch oder Bad Hindelang

Tipp
Das Auto stehen lassen und kleine Wanderung zur Unteren Ochsenalpe (bewirtschaftet): vom Parkplatz 100 Meter auf der Jochstraße talabwärts, dann links abbiegen (Schild), 35 Min., leicht, aussichtsreich

Wanderkarte
Zumstein Wanderkarte Nr. 3 – »Bad Hindelang«, M 1:25 000, AVA Verlag Allgäu, Kempten

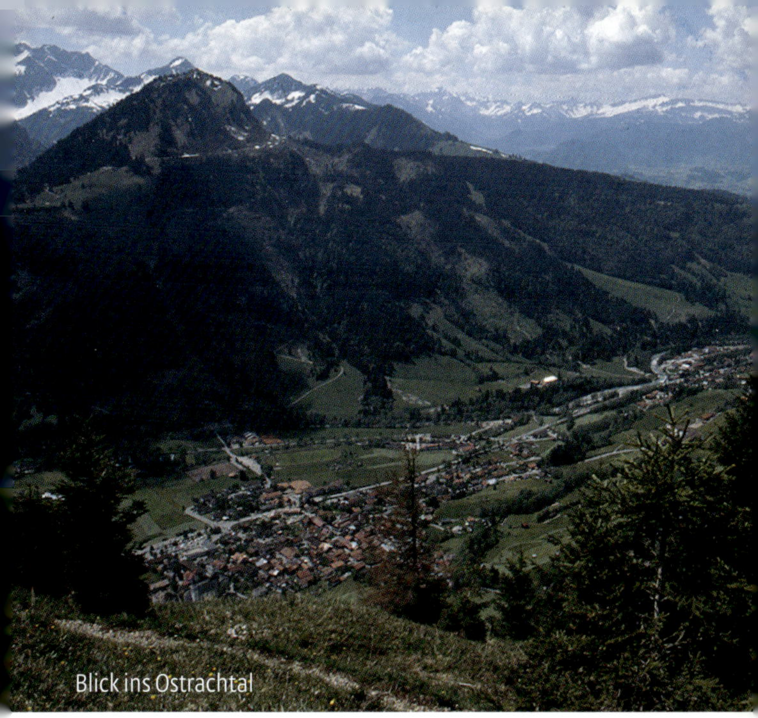

Blick ins Ostrachtal

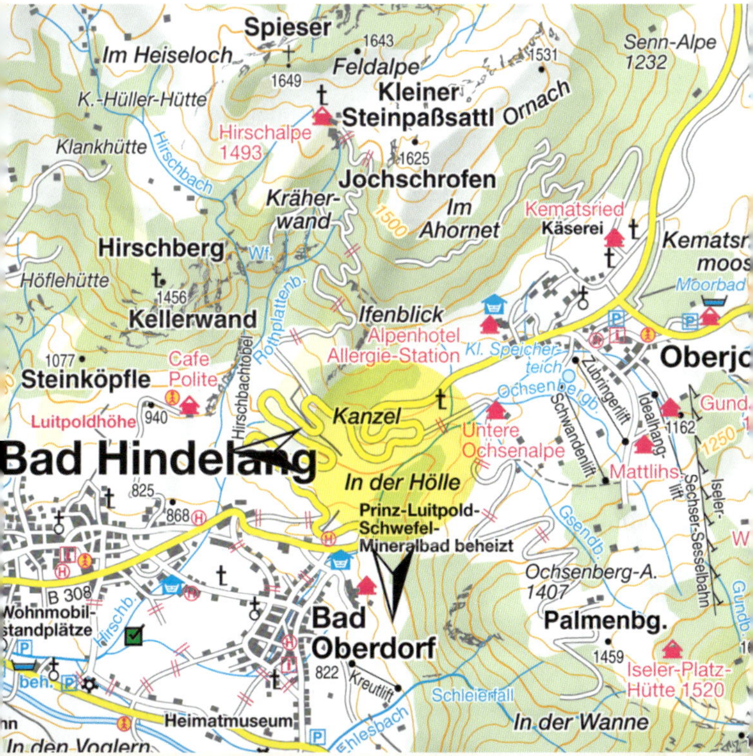

Spieser
1643
Im Heiseloch
Feldalpe
1531
Senn-Alpe
1232
1649
Kleiner
K.-Hüller-Hütte
Steinpaßsattl
Ornach
Hirschalpe
1493
Klankhütte
1625
Hirschbach
Jochschrofen
Kräher-
wand
Im
Ahornet
1500
Kematsried
Käserei
Kematsr
moos
Hirschberg
Wf.
Höflehütte
1456
Moorbad
Kellerwand
Rothplattenb.
Ifenblick
Alpenhotel
Allergie-Station
Kl. Speicher-
teich
Oberjo
1077
Steinköpfle
Cafe
Polite
Hirschbachtobel
Ochsenbergb.
Zubringerlift
Idealhang-
lift
Luitpoldhöhe
940
Kanzel
Gund
1162
Schwandenlift
Untere
Ochsenalpe
1250
Bad Hindelang
In der Hölle
Mattlihs
Iseler-
Sechser-Sesselbahn
825
868
Prinz-Luitpold-
Schwefel-
Mineralbad beheizt
Gsendb.
B 308
Ochsenberg-A.
1407
Wohnmobil-
standplätze
Hirschb.
Bad
Oberdorf
Palmenbg.
1459
Iseler-Platz-
Hütte 1520
beh.
822
Kreutlift
Schleierfall
Heimatmuseum
In der Wanne
In den Voglern
Ehlesbach

Anfahrt

Nach Riezlern, Kleinwalsertal, zum Parkplatz der Kanzelwandbahn

Anstieg

Auffahrt mit der Gondelbahn zur Bergstation (1950 m), zu Fuß weiter zum gegenüberliegenden Gipfel der Kanzelwand (Warmatsgundkopf (2057 m), 45 Min., unschwierig

Aussicht

Rundumsicht! Nördlich ins Fellhorngebiet, Illertaler Berge (Grünten). Östlich: Höfats/Nebelhorngebiet. Südöstl.: Allgäuer Hauptkamm (Mädelegabel, Trettachspitze). Südl.: Schüsser-Hammerspitzgrat, Schafalpen, Liechelkopf, Widderstein. Westl.: Hoher Ifen, Grünhorn, Walmendinger Horn.

Einkehr

Panoramarestaurant Kanzelwand Bergstation, Tel. 0043 5517 300 64; Adlerhorst: Tel. 0043 5517 5186

Tipp

Übergang ins Fellhorngebiet möglich, Abstieg nach Riezlern über den Gundsattel

Bahn-Info

Info-Tel. 0700 5553 38 88, www.kanzelwandbahn.de

Wanderkarte

Zumstein Wanderkarte Nr. 5 – »Kleinwalsertal«, M 1:25 000, AVA Verlag Allgäu, Kempten

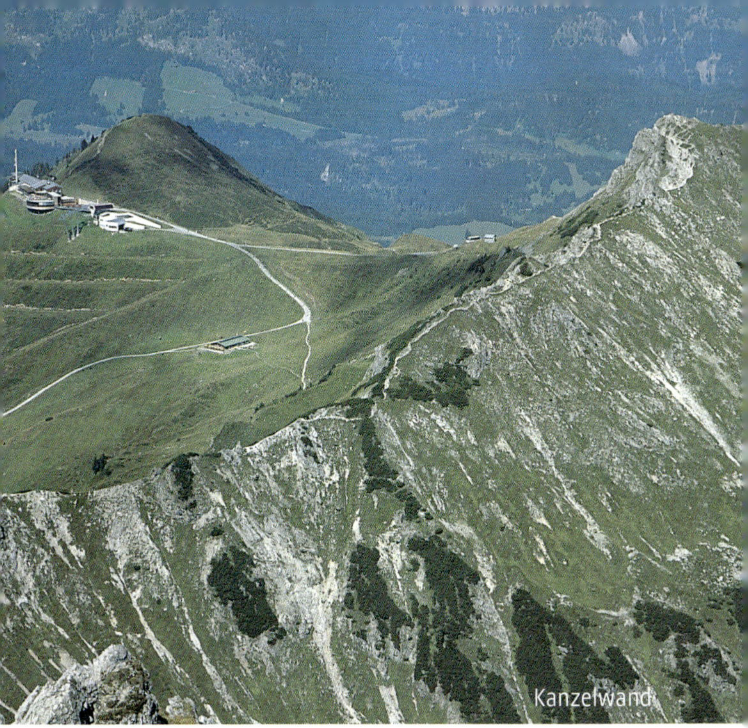

Kanzelwand

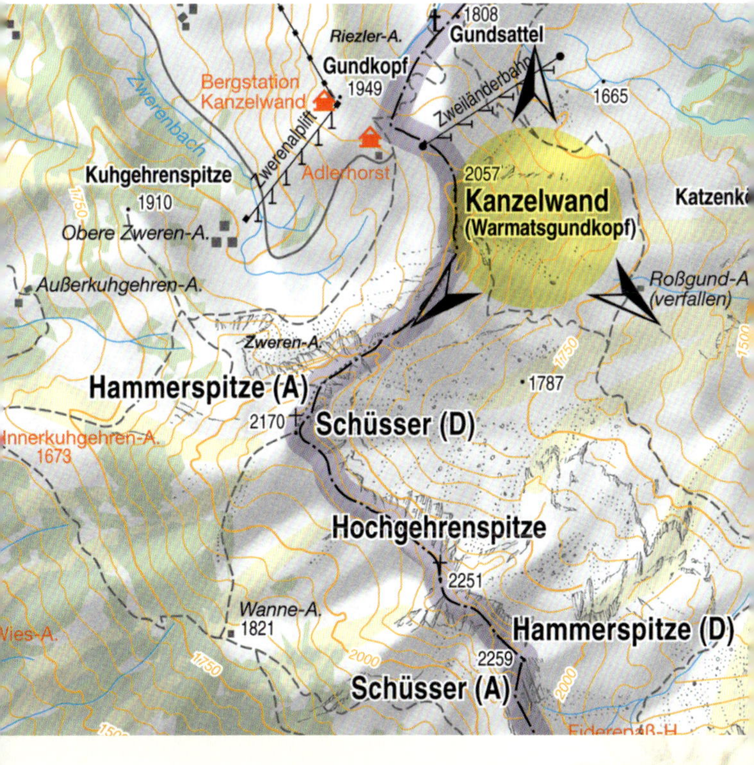

Riezler-A.

1808
Gundsattel

Bergstation
Kanzelwand

Gundkopf
1949

Zwerenbach

Zweiländerbahn

1665

Zwerenalplift

Adlerhorst

2057

Kuhgehrenspitze

Kanzelwand
(Warmatsgundkopf)

Katzenk

1910

Obere Zweren-A.

Roßgund-A
(verfallen)

Außerkuhgehren-A.

Zweren-A.

Hammerspitze (A)

1787

2170

Schüsser (D)

Innerkuhgehren-A.
1673

Hochgehrenspitze

2251

Wanne-A.
1821

Hammerspitze (D)

Vies-A.

2259

Schüsser (A)

Fiderenaß-H

Anfahrt	Von Oberstaufen nach Steibis und zum Parkplatz der Imbergbahn
Anstieg	Auffahrt mit der neuen Gondelbahn zur Bergstation (1250 m), Wanderung über die Alpen Häuslers Gschwend und Glutschwanden am Steinernen Tor vorbei auf den Kojen (1300 m), Beschilderung! 1 1/2 Std., ca. 5 km, leicht
Aussicht	Beste Aussicht in den Vorderen Bregenzer Wald, Tiefblick auf Riefensberg und Krumbach, Sulzberg am Höhenzug gegenüber, im Süden Hochhädrich und Nagelfluhkette Richtung Hochgrat
Einkehr	Imberghaus neben der Bergstation, 1225 m, Tel. 08386 8106. Alpen Glutschwanden und Moos, Hochbühl beim Abstieg, Tel. 08386 8138.
Tipp	Wanderung auch über den Fluhrücken, leicht, schöne Aussicht. Abstieg über die Gschlötteralpe an der Häderich Liftstation, weiter nach Hörmoos oder über Hochwies und Hochbühl zur Bergstation.
Bahn-Info	Tel. 08386 8112, www.imbergbahn.de
Wanderkarte	Zumstein Wanderkarte Nr. 8 – »Oberstaufen«, M 1:35 000, AVA Verlag Allgäu, Kempten

Blick vom Kojen

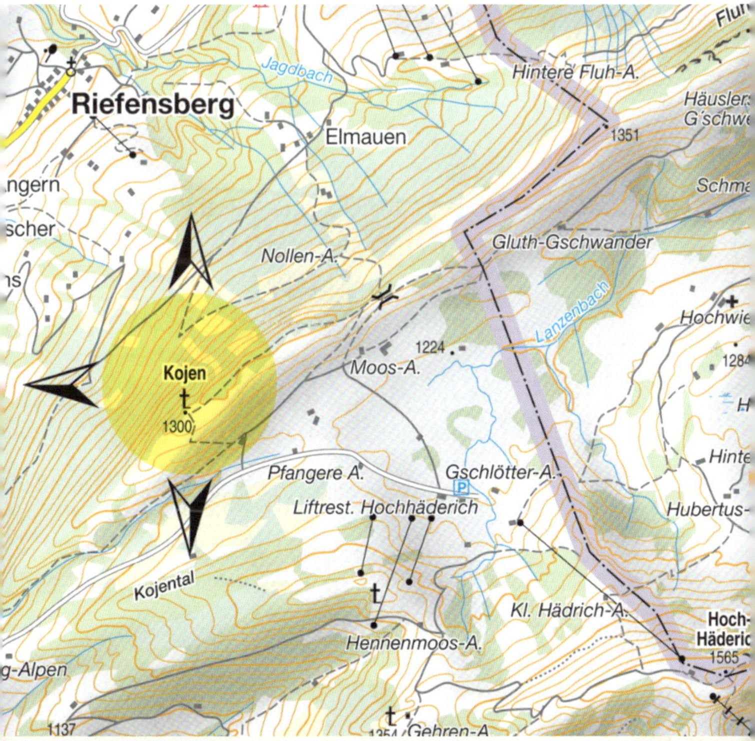

Anfahrt	Durchs Tannheimer Tal bis Nessel-wängle, hier Parkplatz der Krinnen-alpbahn südlich des Ortes
Anstieg	Ab Bergstation der Doppelsesselbahn (1510 m) 1. links herum über Gams-bocksteig zum Gipfel (2002 m), steil, gut gehbar, 1 1/4 Std., 2. rechts über Alpenrosenweg und Nesselwängler Edenalpe in 1 3/4 Std.
Aussicht	Beeindruckend die Kulisse der vier Tann-heimer Paradeberge gegenüber: Rote Flüh, Gimpel, Köllespitze und Gehrenspitze, Tiefblick auf Nesselwängle, Haldensee, Reuttener Hahnenkamm und vor allem die Lailach im Süden, Fernsicht in Lechtaler!
Einkehr	Gräner Ödenalpe (1726 m), Nesselwängler Edenalpe (1680 m), Gasthaus Krinnenalpe (1529 m, Tel. 0043 5675 8189), Alpengasthof Krinnenspitze, Tel. 0043 5675 8210
Tipp	Reizvolle Überschreitung der Krinnenspitze von Ost nach West
Bahn-Info	Tel. 0043 5675 8250, www.lifte.nesselwängle.at
Wanderkarte	Zumstein Wanderkarte Nr. 7 – »Tannheimer Tal«, M 1:25 000, AVA Verlag Allgäu, Kempten

Die Tannheumer Berge

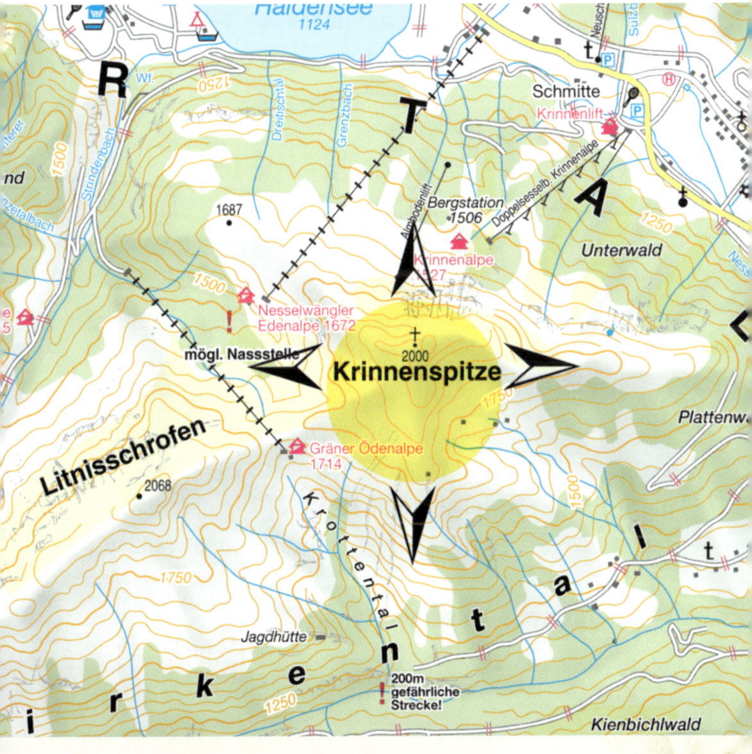

Lechfall

Anfahrt	Auf der B 17 von Füssen Richtung Tiroler Grenze, 700 m davor Parkplätze und Kiosk, Lechfall unmittelbar neben der Straße
Anstieg	Nur wenige Meter vom Parkplatz zum »König-Max-Steg« absteigen
Aussicht	Imposanter Wasserfall! Zunehmend eindrucksvoll nach Regen/Hochwasser. 5 Stufen mit 12 Meter Höhenunterschied. Südseitiger Blick von der Brücke auf Schluchtanfang, dahinter Lechtal. Enge Felsenschlucht nördlich davon. Hochwassermarken von 1901, 1910. Letztes Hochwasser 2005. Bildnis Max II. in Felswand.
Einkehr	Kiosk. Gasthäuser in der Nähe bzw. in Füssen.
Tipp	Eines der schönsten Geotope Bayerns! Hier stürzten nach der letzten Eiszeit die Wasser aus dem Pfrontner Tal 100 Meter tief in den Füssener See. Naturdenkmal! Magnustritt: legendärer Fußabdruck des hl. Magnus. Romantischer Wanderweg: Bad Faulenbach-Lechfall-Alpenrosenweg-Alpsee-Schloss Hohenschwangau.
Wanderkarte	Zumstein Wanderkarte Nr. 1 – »Füssen«, M 1:30 000, AVA Verlag Allgäu, Kempten

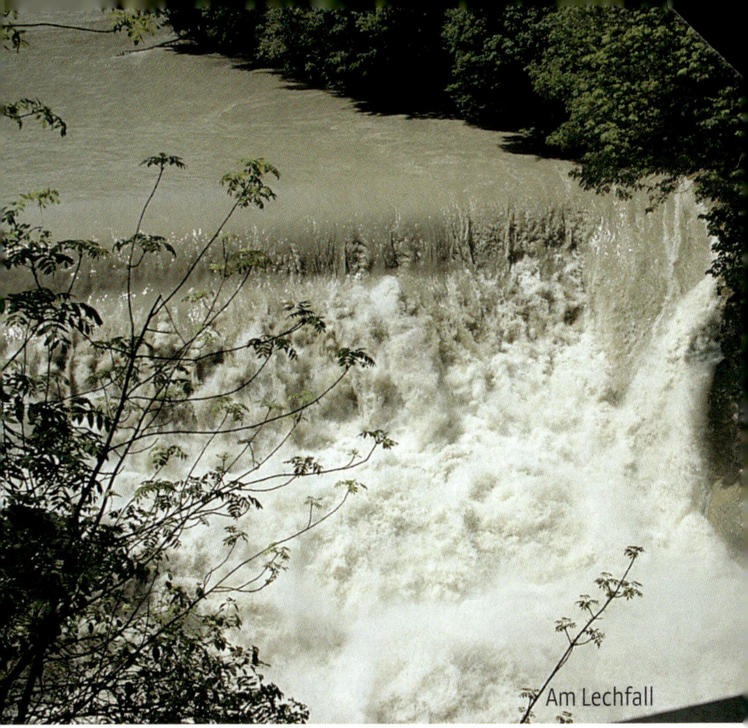

Am Lechfall

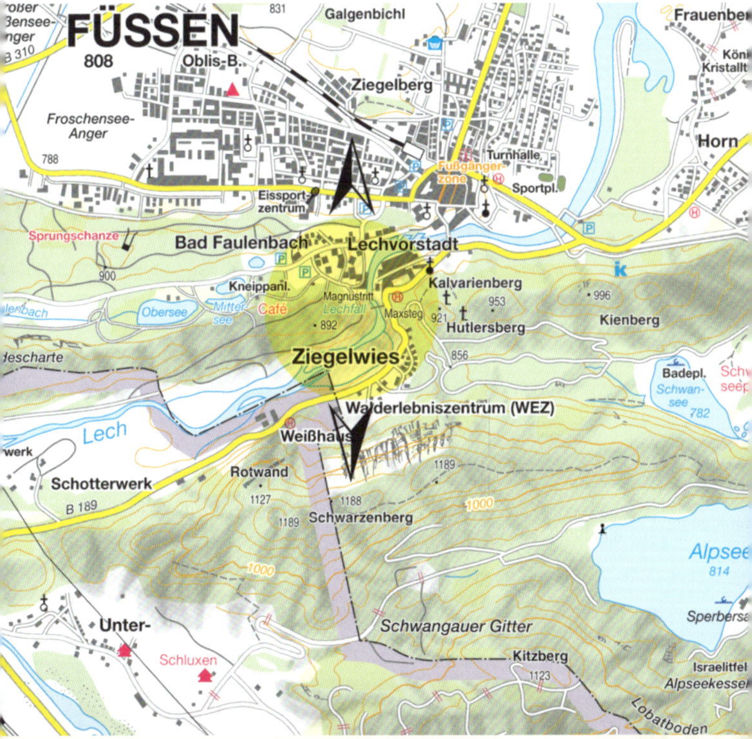
FÜSSEN
808
Oblis-B.
831
Galgenbichl
Ziegelberg
Froschensee-Anger
788
Turnhalle
Fußgängerzone
Horn
Sportpl.
Eissportzentrum
Sprungschanze
Bad Faulenbach
Lechvorstadt
900
Kneippanl.
Magnustritt
Lechfall
Kalvarienberg
953
996
Obersee
Mittersee
Café
892
Maxsteg
921
Hutlersberg
Kienberg
Ziegelwies
856
Badepl.
Schwansee
782
Walderlebniszentrum (WEZ)
Lech
Weißhaus
Schotterwerk
Rotwand
1189
B 189
1127
1188
1189
Schwarzenberg
1000
Alpsee
814
Unter-
Schluxen
Schwangauer Gitter
Kitzberg
1123
Lobatboden

29

Marienbrücke/
Jugend-Aussichtsplatz

Anfahrt   Fahrt nach Hohenschwangau zum
                     Parkplatz vor dem Alpsee (4,50 €)

Anstieg   Zu Fuß über Weg 35 »Rodelbahn«
                     zuerst zur Marienbrücke (35 Min.),
                     dann kurzes Stück zum Aussichtspunkt
                     »Jugend« oberhalb des Schlosses.
                     Auch Bus oder Pferdekutsche möglich.

Aussicht   Eine der schönsten im Ostallgäu!
                     Zuerst das Schloss von seiner Schoko-
                     ladenseite, anschließend der Tiefblick
                     Richtung Füssen, Alpsee, Schwansee
                     und Schloss Hohenschwangau.
                     Gehrenspitze und Köllespitze wie hohe
                     Dolomitengipfel. Und das Alpenvorland
                     mit dem Forggensee!

Einkehr   Am besten in Hohenschwangau,
                     wo es viele Möglichkeiten (und viele,
                     viele Touristen) gibt.

Tipp   Wenn Sie Neuschwanstein anschauen,
                     gehen Sie anschließend noch das kurze
                     Stück zum Jugend-Aussichtsplatz und
                     zur Marienbrücke! Ungemein lohnend!

Wanderkarte   Zumstein Wanderkarte
                     Nr. 1 – »Füssen«, M 1:30 000,
                     AVA Verlag Allgäu, Kempten

Hohenschwangau mit Alpsee

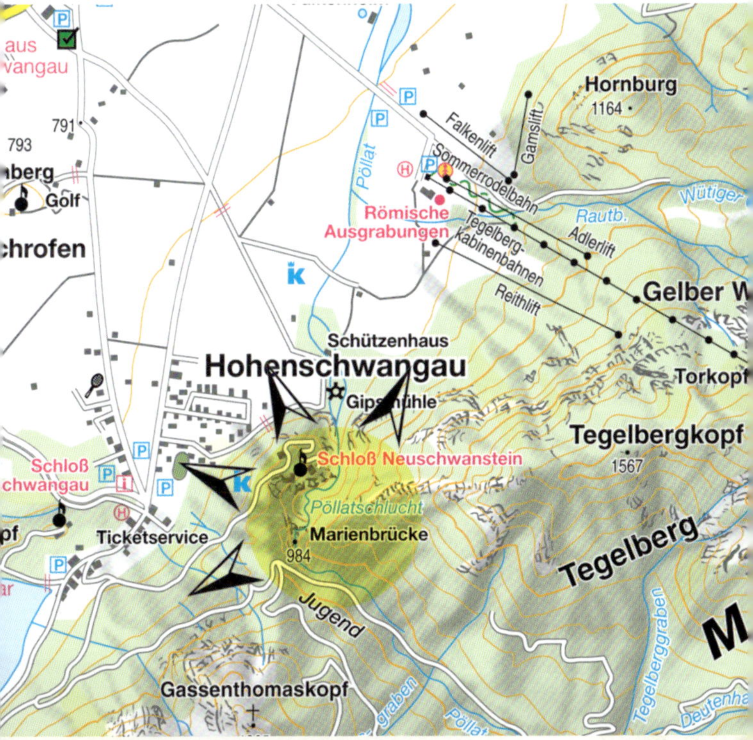

Anfahrt

Nach Immenstadt im Allgäu zur Talstation der Mittagbahn (740 m), hier Parkplätze

Anstieg

Auffahrt mit Bayerns längster Sesselbahn zur Bergstation (1450 m), zu Fuß ums Eck zum Gipfel des Mittags (1451 m), weiter zu Steineberg (1660 m) 1 1/4 Std. und Stuiben (1749 m). 1 1/2 Std. Insgesamt mittelschwer.

Aussicht

Von Mittag und Steineberg großartiger Blick ins Illertal zwischen Oberstdorf und Kempten, Tiefblick auf Immenstadt. Rettenberg, Grünten, Sonthofen gegenüber. Vom Stuiben grandioses Panorama zwischen Schweizer Bergen, Bodensee und Zugspitze! Alpenhauptkamm im Süden ein Gedicht!

Einkehr

Gastwirtschaft Mittelstation, Tel. 08323 8790; Gastwirtschaft Bergstation, Tel. 08323 3555; Alpe Gund am Stuiben

Tipp

Eine der schönsten Bergwanderungen! Reichhaltige Flora.

Bahn-Info

Tel. 08323 6149, www.mittagbahn.de

Wanderkarte

Zumstein Wanderkarte Nr. 6 – »Immenstadt«, M 1:30 000, AVA Verlag Allgäu, Kempten

Auf der Leiter am Steineberg

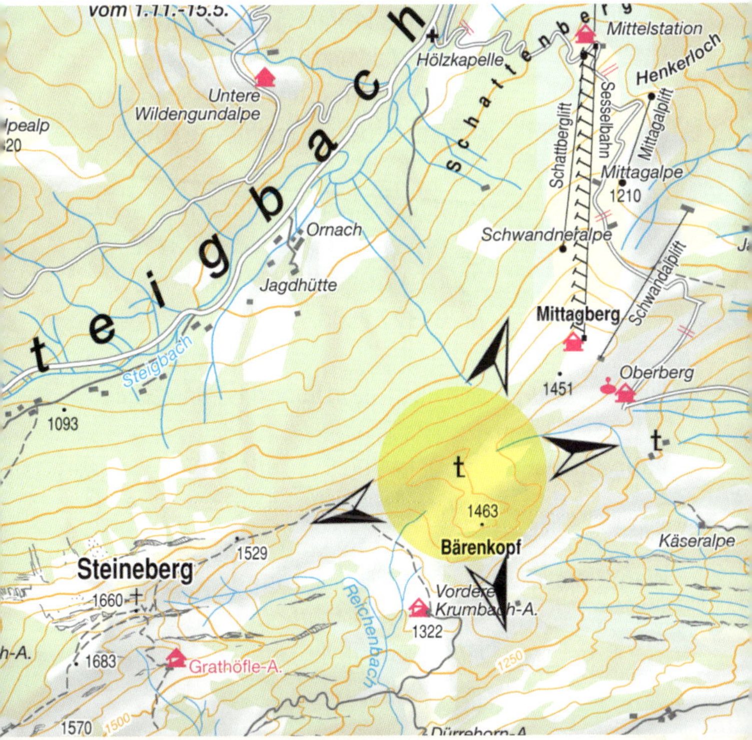

vom 1.11.-15.5.

Hölzkapelle

Untere
Wildengundalpe

Ipealp
20

Ornach

Jagdhütte

Steigbach

1093

teigbach

Schattenberg

Mittelstation

Henkerloch

Sesselbahn

Schattbergjlift

Schwandneralpe

Mittagalpe
1210

Mittagalpjlift

Mittagberg

Schwandalpjlift

1451

Oberberg

t

t

1463
Bärenkopf

Käseralpe

Steineberg

1529

1660

1683

Grathöfle-A.

Vordere
Krumbach-A.
1322

Reichenbach

h-A.

1570   1500

Dürrehorn-A.

Nebelhorn

Anfahrt Nach Oberstdorf zum Parkplatz der Nebelhornbahn am östlichen Ortsrand

Anstieg Mit der Nebelhornbahn zur Bergstation »Höfatsblick«, weiter mit der Gipfelbahn zum Nebelhorn (2224 m), einmalige Aussichtsterrasse, Gipfelkreuz gleich oberhalb

Aussicht Vielleicht die großartigste Rundsicht im Allgäu überhaupt! Es sind von hier rund 400 Gipfel zu sehen! Darunter ist der gesamte Allgäuer Hauptkamm zum Greifen nahe, die Walsertaler Bergwelt (Widderstein, Ifen), Gipfel aus dem Bregenzer Wald und dem Wettersteingebirge; das Illertal, und, und … Man kann sich am Nebelhorn nicht sattsehen!

Einkehr Nebelhorn »Marktrestaurant« an der Station; Höfatsblick, Tel. 08322 9600 512; Gipfelhütte Nebelhorn, Tel. 08322 9600 514

Tipp Genießen Sie in Ruhe das Panorama!

Bahn-Info Info-Tel. 0700 5553 3666, www.nebelhornbahn.de

Wanderkarte Zumstein Wanderkarte Nr. 4 – »Oberstdorf«, M 1:30 000, AVA Verlag Allgäu, Kempten

Nebelhorn

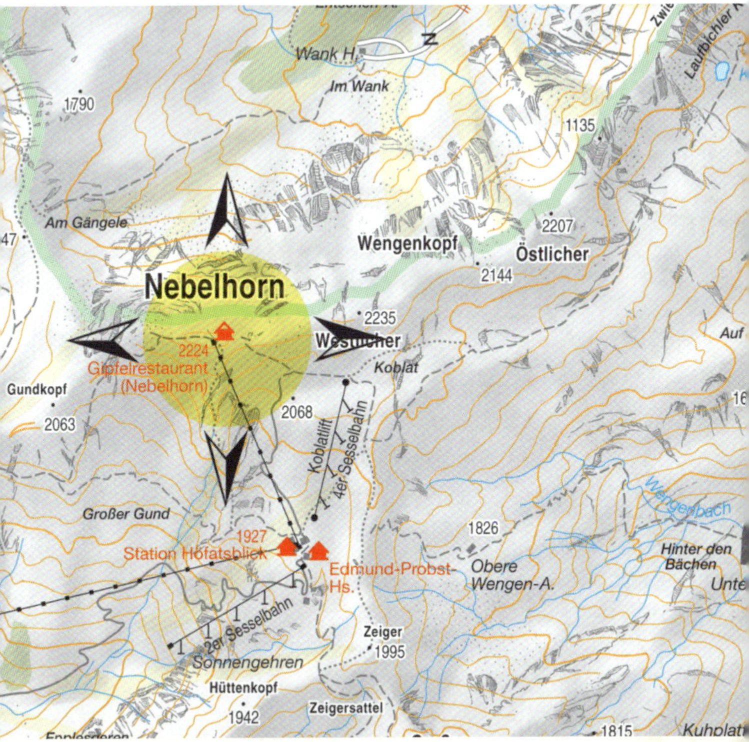

Wank H.

Im Wank

1790

Am Gängele

47

Wengenkopf

Östlicher

2207

Nebelhorn

2144

2235

2224

Gipfelrestaurant
(Nebelhorn)

Westlicher

Koblat

Gundkopf

2063

2068

Koblatlift

4er Sesselbahn

Auf

Wengenbach

Großer Gund

1927

Station Höfatsblick

Edmund-Probst-
Hs.

1826

Obere
Wengen-A.

Hinter den
Bächen

Unte

2er Sesselbahn

Sonnengehren

Zeiger

1995

Hüttenkopf

1942

Zeigersattel

1815

Kuhplat

Foto: Tigital

Blick auf Oberstdorf

Oberelleg   23.8.15

Anfahrt	Von Wertach über Unterelleg, oder von Rettenberg über Brosiselleg/Gereute nach Oberelleg (1093 m)
Anstieg	Mit PKW von Wertach bis Oberelleg und weiter auf der Straße entlang des Elleger Höhenrückens zum Adelharz. Die ganze Route verspricht eine umfassende Aussicht! Ggf. Aufstieg von Oberelleg bis zum Grat nördlich davon (1136 m).
Aussicht	Nach Norden ins Unterland, Kempten und seine Umgebung, Rottachsee. Im Halbbogen Osten-Süden-Westen: Ostallgäuer Gipfel um Nesselwang, Tannheimer Berge. Geißhorn und Rauhhorn gewaltig! Wertacher Hörnle, Grünten. Tiefblick auf Wertach und Grüntensee.
Einkehr	Gasthof Alpenblick, Tel. 08365 521, Berggasthof Elleg Höhe, Tel. 08365 228, Bergstüble Brosiselleg, Tel. 08365 289
Tipp	Wanderung auf der wenig befahrenen Straße entlang des Höhenrückens mit hübschen Aussichten. Besuch der Elleg Höhe (1136 m) ab Oberelleg, 25 Min.
Wanderkarte	Zumstein Wanderkarte Nr. 2 w – »Wertach«, M 1: 30 000, AVA Verlag Allgäu, Kempten

Wertach mit Oberelleg

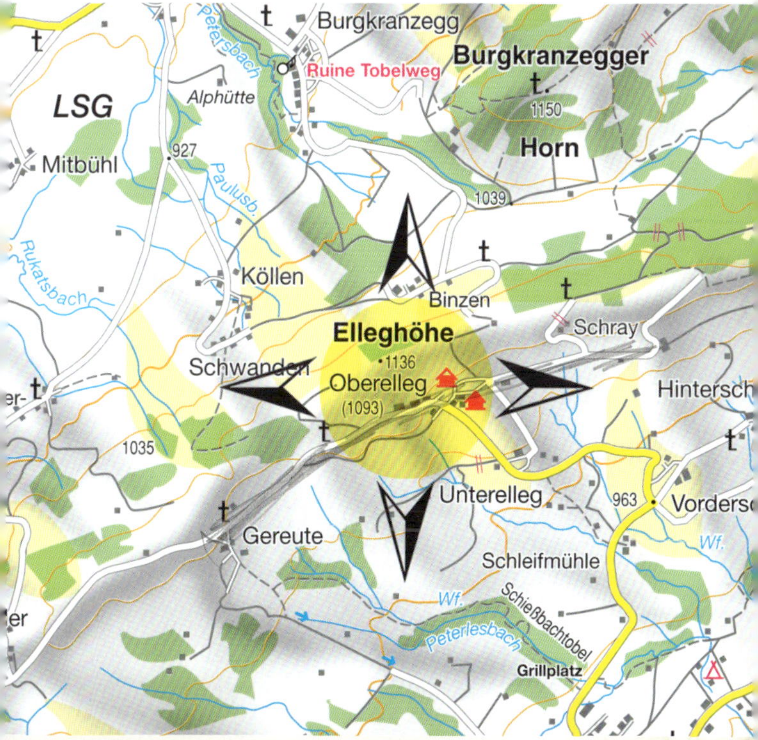

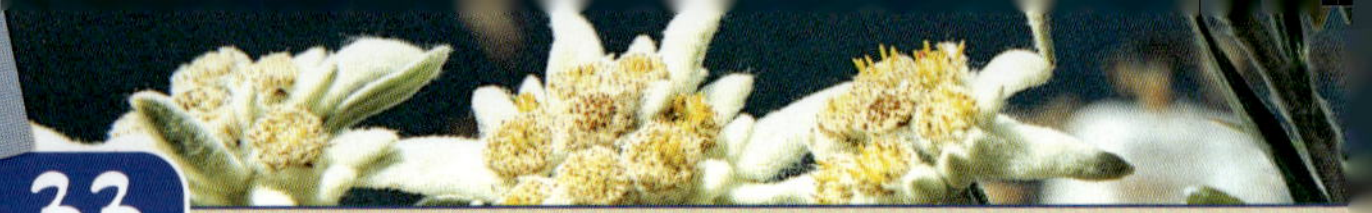

Anfahrt Von Sonthofen oder Fischen nach Ofterschwang, Parkplatz der Sessel-bahn Weltcup Express

Anstieg Auffahrt mit der Sesselbahn zur Bergstation, Aufstieg zum Gipfel des Ofterschwanger Horns (1406 m) 25 Min., leicht

Aussicht Großartig! Auf die Nagelfluh- und Flysch-berge um Gunzesrieder- und Ostertal. Sigiswanger und Rangiswanger Horn. Im Südosten die höchsten Allgäuer Alpen, ein großer Teil des oberen Illertales, das Ostertal, Sonthofen, Grünten, Berge ums Ostrach- und Kleinwalsertal.

Einkehr Allgäuer Berghof, Weltcup-Hütte, Wurzelhütte, Ofterschwanger Haus; Alpe Fahnengehren, Meinrads Brot-zeithütte; Hochbichelhütte

Tipp Vom Ofterschwanger Horn sind einige leichte Wanderungen möglich: Panorama-Weg Hörnertour; Rund ums Horn etc.

Bahn-Info Tel. 08321 67030, www.go-ofterschwang.de

Wanderkarte Zumstein Wanderkarte Nr. 6 s – »Sonthofen«, M 1:30 000, AVA Verlag Allgäu, Kempten

Oferschwanger Horn

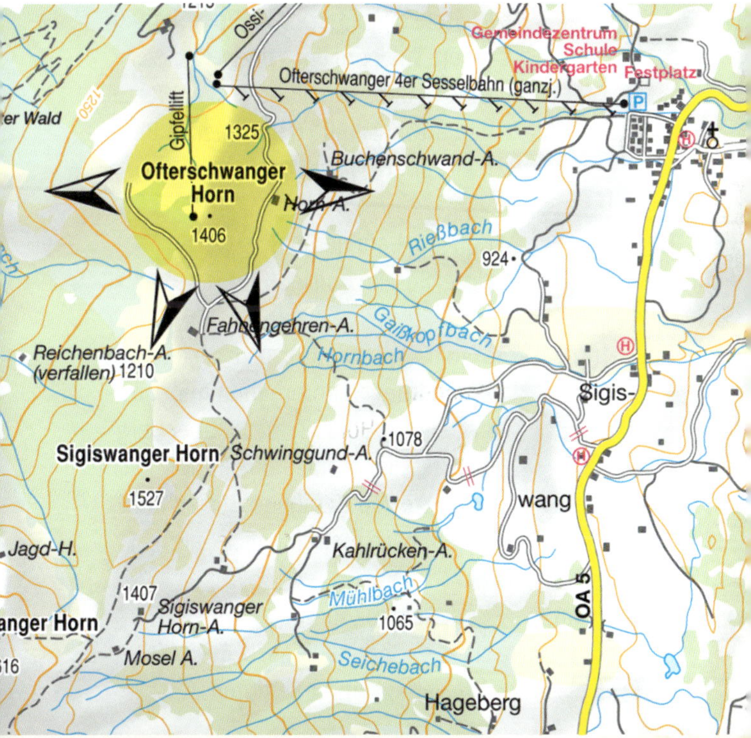

Anfahrt	Auf der B 308 westlich und oberhalb von Oberstaufen gelegen, Nähe Ortsteil Berg. Großer Parkplatz unmittelbar an der scharfen Haarnadelkurve.
Anstieg	PKW Fahrt bis zum Paradies möglich
Aussicht	Vor allem nach Süden und Westen. Auf Wegweiser zum Aussichtspunkt (909 m) achten! Schön die Nagelfluh-kette mit Hochgrat als höchstem Gipfel (1834 m); Blick in den Vorderen Bregen-zer Wald mit bewaldeten Kuppen, Hügeln und Bergen. Hübsch das Tal der Weissach mit den vielen Vorarlberger Orten. Sulzberg hoch oben, Blickrich-tung Bodensee mit vielfältiger Westall-gäuer Landschaft, Ostschweizer Berge (Säntis).
Einkehr	Café am Paradies in Berg; Hotel Bergkristall in Willis
Bahn-Info	Vom Parkplatz aus kann man einige Wanderungen unternehmen: z.B. öst-lich zum Kapf (998 m) und über Berg zurück, kleine, aber feine Runde, leicht; 1 1/4 Std. Auf Beschilderung achten, es gibt noch mehr Möglichkeiten.
Wanderkarte	Zumstein Wanderkarte Nr. 8 – »Oberstaufen«, M 1:35 000, AVA Verlag Allgäu, Kempten

Blick zum Säntis

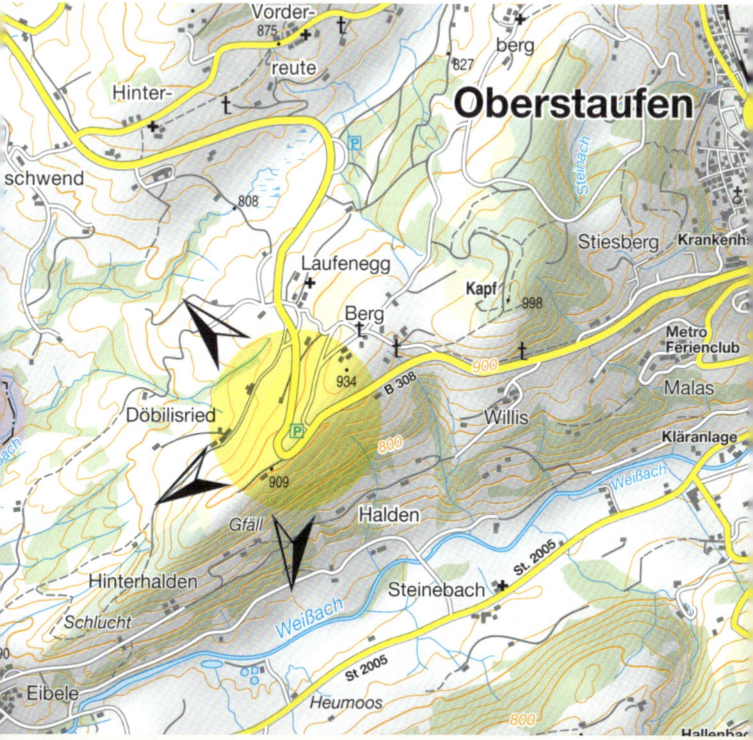

Vorder-
875
reute
berg
827

Oberstaufen

Hinter-

schwend

Stiesberg   Krankenh

808

Laufenegg

Kapf   998

Berg

934   B 308

Metro
Ferienclub

Malas

Döbilisried

Willis

Kläranlage

909   800

Weißbach

Halden

Gfäll

St 2005

Hinterhalden

Steinebach

Schlucht

Weißbach

Eibele

St 2005

Heumoos   800

Hallenbac

Pfänder

Anfahrt   Nach Bregenz zur Talstation der Pfän-
derbahn. Oder mit PKW von Lochau,
Leutenhofen oder Scheidegg jeweils
über enge Straßen auf den Pfänder.

Anstieg   Mit Kabinenbahn oder PKW gelangt
man in Gipfelnähe (1064 m)

Aussicht   Einer der schönsten Aussichtspunkte
für den Bodensee! Lindau! Bregenz!
Dreiländerblick, etwa 240 Alpengipfel
bis Silvretta, Lechtaler, Allgäuer Alpen,
Ostschweizer Berge und Ausläufer des
Schwarzwaldes.

Einkehr   Berghaus Pfänder mit Aussichtsterrasse, Tel. 0043 5574 421840,
Pfänderspitze, Tel. 0043 5574 43066

Tipp   Besuch von Adlerwarte, Alpenwildpark;
Wandern, Paragleiten, Museum, Käse-
lehrwanderweg, Radtouren; Zwei Aus-
sichtskanzeln (Berg- und Seepano-
rama), Übernachtungsmöglichkeiten

Bahn-Info   Tel. 0043 5574 421 600,
www.pfaenderbahn.at

Wanderkarte   Zumstein Wanderkarte
Nr. 81 – »Lindau/Westallgäu«,
M 1:35 000, AVA Verlag Allgäu, Kempten

Bregenz mit Bodensee

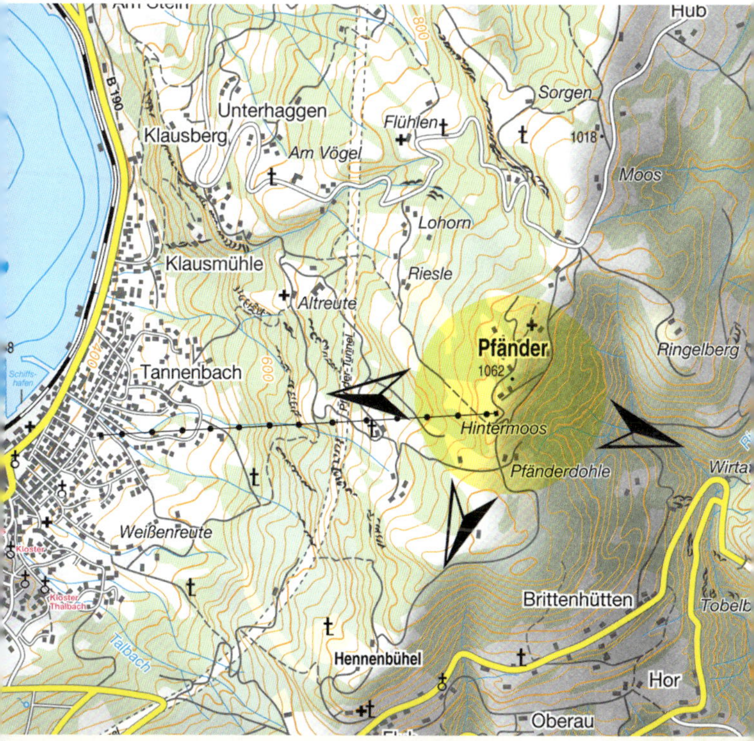

Anfahrt	Von Oberjoch oder Pfronten ins Tann-heimer Tal bis Schattwald (1090 m), Parkplatz der Wannenjochbahn am westlichen Ortsausgang
Anstieg	Vom Parkplatz (Ostseite) führt ein Alp-weg südlich aufwärts zur Mittleren Stui-benalpe (1359 m), danach Steig durchs Pontenkar zum Gratverlauf Ponten-Bschießer (ca. 1900 m) und über den Grat links hinauf zum Ponten (2045 m); 2 3/4 bis 3 Std. mittelschwer
Aussicht	Umwerfende Panoramasicht! So weit das Auge blickt: Berge zwischen der Zug-spitze im Osten und den Ostschweizer Alpen (Säntis) im Westen. Dazu unzäh-lige Gipfel im Lechtaler und Allgäuer Hauptkamm. Hübsch: Geißhorn, Tann-heimer Gruppe, Einstein und das Alpen-vorland mit Kempten.
Einkehr	Mittlere Stuibenalpe, sonst Gasthöfe im Tal
Tipp	Lohnende, etwas anstrengende Berg-tour, Trittsicherheit erforderlich. Fern-glas mitnehmen! Auf- oder Abstieg auch von Zöblen über das Zirleseck oder von der Willersalpe her möglich.
Wanderkarte	Zumstein Wanderkarte Nr. 7 – »Tannheimer Tal«, M 1:25 000, AVA Verlag Allgäu, Kempten

Ponten Gipfel

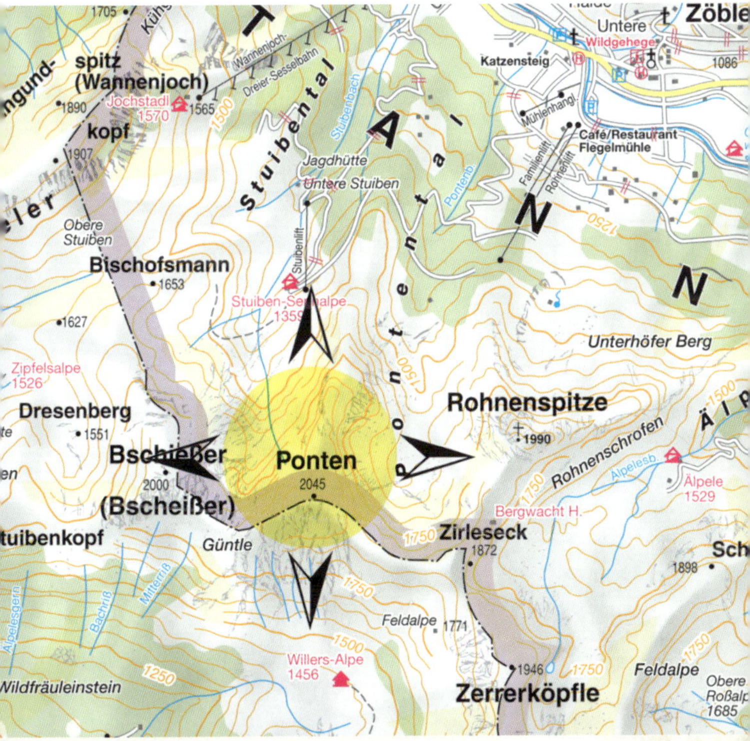

Reuttener Hahnenkamm

Anfahrt Von Reutte/Tirol oder dem Gaichtpass nach Höfen zum Parkplatz der Hahnenkammbahn

Anstieg Auffahrt mit der Seilbahn zur Bergstation (1738 m), zu Fuß auf den Gipfel des Hahnenkammes (1938 m), 40 Min., leicht

Aussicht Beste Aussicht ins Tannheimer Tal von Ost nach West! Umgebende Berge der Tannheimer Gruppe (Köllespitze, Gimpel, Rote Flüh); Östlich Lechtaler Alpen; Thaneller, Liegfeist Gruppe; Lailach und Vilsalpsee Gruppe

Einkehr Berggasthof Hahnenkamm (Tel. 0043 5672 64551); Singer Hütte; Cilly Hütte, Höfener Alpe

Tipp Besteigung der angrenzenden Gaichtspitze (1988 m) verbessert die Aussicht um ein gutes Stück! Seilgesicherter Aufstieg. Alpenblumengarten östlich der Bergstation; Alpenrosenweg zur Lechaschauer Alpe.

Bahn-Info Tel. 0043 5672 62420, www.reuttener-seilbahnen.at

Wanderkarte Zumstein Wanderkarte Nr. 7 – »Tannheimer Tal«, M 1:25 000, AVA Verlag Allgäu, Kempten

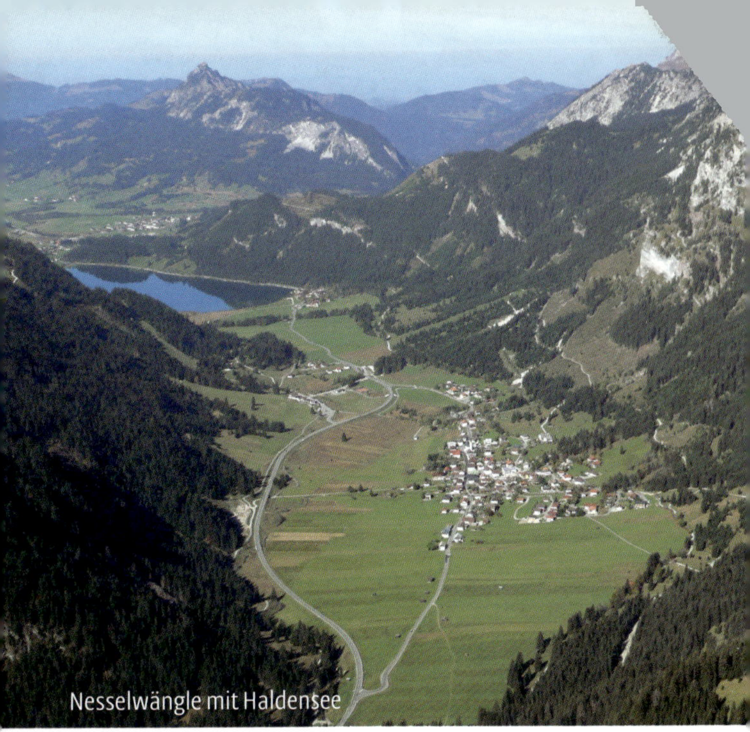

Nesselwängle mit Haldensee

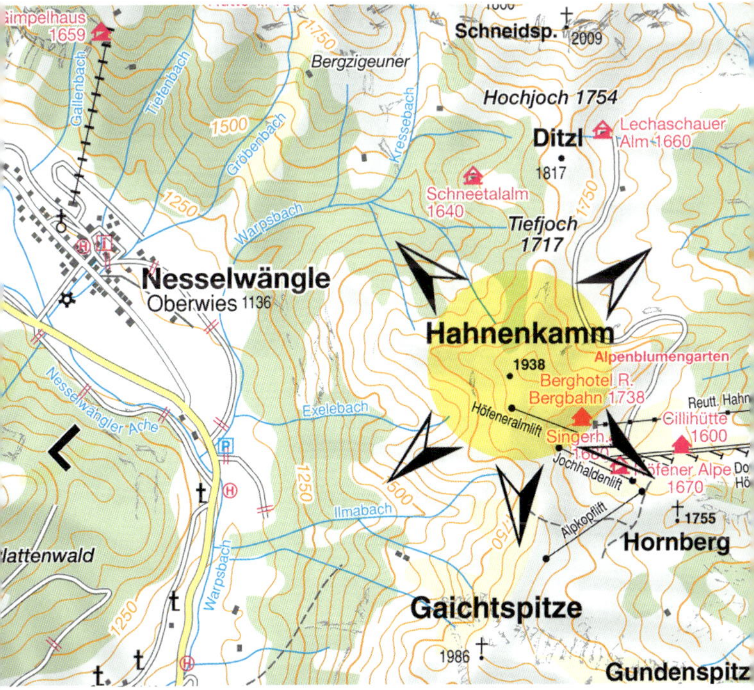

Gimpelhaus 1659

Schneidsp. 2009

Bergzigeuner

Hochjoch 1754

Dítzl 1817

Lechaschauer Alm 1660

Schneetalalm 1640

Tiefjoch 1717

Nesselwängle
Oberwies 1136

Hahnenkamm
1938

Alpenblumengarten

Berghotel R.
Bergbahn 1.738

Reutt. Hahn

Gillihütte 1600

Höfeneralmlift

Singerh.

Nesselwängler Ache

Exelebach

Jochhaldenlift

Höfener Alpe 1670

Do
Hö

lattenwald

1755

Hornberg

Ilmabach

Alpkopflift

Warpsbach

Gaichtspitze
1986

Gundenspitz

Riedberger Horn

Anfahrt Von Obermaiselstein oder Balderschwang über den Riedbergpass nach
Grasgehren (1447 m), großer Parkplatz

Anstieg Vom Parkplatz über markierten Weg
zum Grat zwischen Bolgen und Ried-
berger Horn. Bei Wegweiser links
abbiegen und über den Gratweg zum
Gipfel (1787 m), 1 1/4 Std., leicht. Auch
vom Berghaus Schwaben in 1 1/2 Std.
leicht zu erreichen, dann Hörnerbahn-
benutzung möglich.

Aussicht Herausragende Panoramaaussicht!
Besonders hübscher Blick nach Westen
zum Bregenzer Wald; Balderschwang
und Umgebung; Ifengebiet, Allgäuer
Hauptkamm mit Mädelegabel;
Sonnenköpfe, Nebelhorn, Grünten!
Nagelfluhkette im Norden (Siplinger).

Einkehr Berggasthof Riedbergpass,
Tel. 08326 7773; ggf. Berghaus
Schwaben, Tel. 08326 438

Tipp Die verschiedenen Wandermöglichkeiten
im Gebiet ausnutzen, z.B. zur Schönberg
Alpe (1345 m, bew.); Mittelalpe (1374 m,
bew.); Wannenkopfhütte (1350 m, bew.)

Wanderkarte Zumstein Wanderkarte
Nr. 4 f – »Fischen«, M 1:30 000,
AVA Verlag Allgäu, Kempten

Grasgehren mit Besler

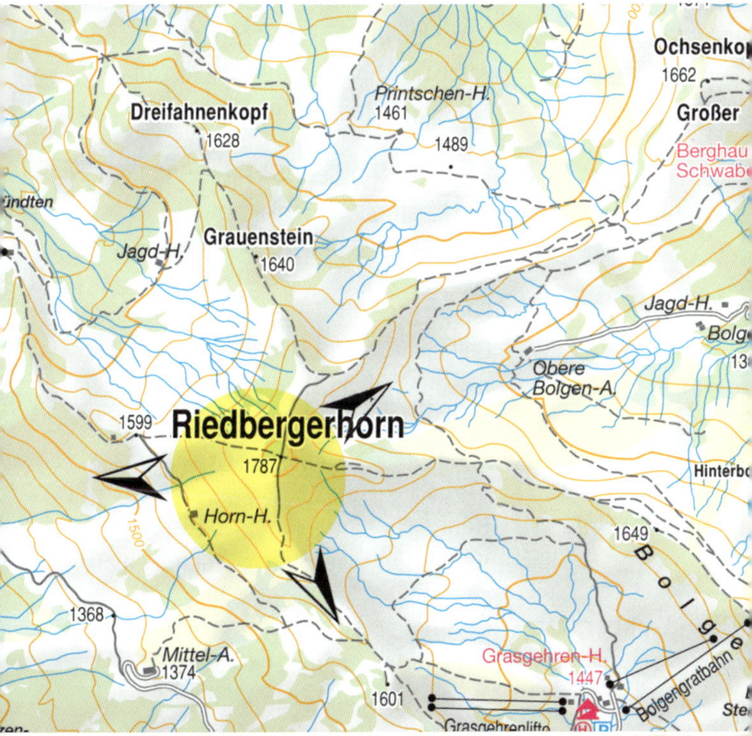

Ochsenko
1662
Großer

Berghau
Schwabe

Dreifahnenkopf
1628

Printschen-H.
1461
1489

Grauenstein
1640

Jagd-H.

Jagd-H.
Bolg
13

Obere
Bolgen-A.

1599
Riedbergerhorn
1787

Hinterb

Horn-H.

1649

1500

B
o
l
g

1368

Mittel-A.
1374

Grasgehren-H.
1447

1601

Bolgengratbahn
Ste

Grasgehrenlift

95

Schneetalalm

Anfahrt Ins Tannheimer Tal bis Nesselwängle, oder von Reutte-Höfen mit der Bergbahn zum Hahnenkamm und weiter zu Fuß

Anstieg Vom Parkplatz westlich Nesselwängle (1100 m) über Weg 416 ab Ortsmitte, dann 418 a zur Schneetalalm (1640 m) kurz unterhalb des Tiefjoches, 1 3/4 Std., leicht. Von Bergstation der Hahnenkammbahn übers Tiefjoch (1717 m), 40 Min., leicht.

Aussicht Von der Terrasse faszinierende Sicht ins Tannheimer Tal und die umgebenden Berge: Tannheimer Gruppe mit Gimpel, Rote Flüh und Köllespitze (eindrucksvoll!); Geißhorn, Krinnenspitze, Lailach, Haldensee und Hahnenkamm-Grat

Einkehr Schneetalalm, Tel. 0043 676 9604 415; Berggasthof Hahnenkamm, Tel. 0043 5672 64551

Tipp Bei Trittsicherheit: Besteigung der Gaichtspitze, 1988 m, über den Hahnenkamm-Grat. Ab Hütte 1 3/4 Std., ein Abschnitt mittelschwer, verbesserte Aussicht nach Süden und Osten!

Bahn-Info Hahnenkammbahn, Tel. 0043 5672 624 20; www.reuttener-seilbahnen.at

Wanderkarte Zumstein Wanderkarte Nr. 7 – »Tannheimer Tal«, M 1:25 000, AVA Verlag Allgäu, Kempten

Auf der Schneetalalm

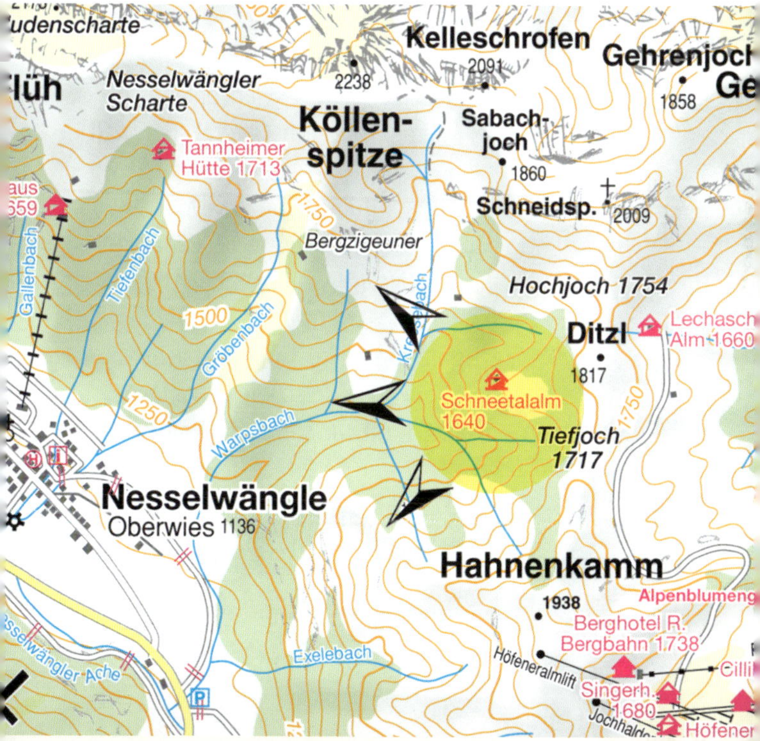

Kelleschrofen
2091

Gehrenjoch
Ge
1858

lüh

udenscharte

Nesselwängler
Scharte

2238

Köllen-
spitze

Sabach-
joch

Tannheimer
Hütte 1713

1860

Schneidsp.
2009

aus
659

Bergzigeuner

1750

Hochjoch 1754

Lechasch
Alm 1660

Ditzl
1817

1500

Schneetalalm
1640

Tiefjoch
1717

1250

Warpsbach

Nesselwängle
Oberwies 1136

Hahnenkamm

Alpenblumeng

1938

Berghotel R.
Bergbahn 1.738

Exelebach

Höfeneralmlift

Cilli

sselwängler Ache

Singerh.
1680

Höfener

Jochhalde

40

Schochen

Anfahrt	Von Oberstdorf mit der Nebelhornbahn zur Station »Höfatsblick« (1927 m)
Anstieg	Zu Fuß auf dem Laufbachereck-Weg (»Allgäuer Himmelssteig«) Richtung Schochen, davor steil über Grashänge zum Grat empor und weiter zum Gipfel (2100 m)
Aussicht	Grandioser Blick in die Allgäuer Bergwelt! Imposant die Höfats gegenüber, Schneck, Großer Wilder, Rauheck, Kreuzeck. Tiroler Gipfel ums Lechtal. Im Süden die mächtige Mädelegabel und Trettachspitze, westlich Rohrmooser und Kleinwalsertaler Berge, Fellhorn und Umgebung, nördlich Nebelhorn mit Wengenköpfen, Großer Daumen. Übersicht Obertal und Oytal!
Einkehr	Marktrestaurant in Station »Höfatsblick«, Tel. 08322 9600 512. Edmund-Probst-Haus (DAV), Tel. 08322 4795
Tipp	Bergmäßige Ausrüstung! Trittsicherheit! Tour ist mittelschwer, aber lohnend. Achtung an steilen Grashängen.
Bahn-Info	Tel. 0700 5553 3666, www.nebelhornbahn.de
Wanderkarte	Zumstein Wanderkarte Nr. 4 – »Oberstdorf«, M 1:30 000, AVA Verlag Allgäu, Kempten

Der Schochen

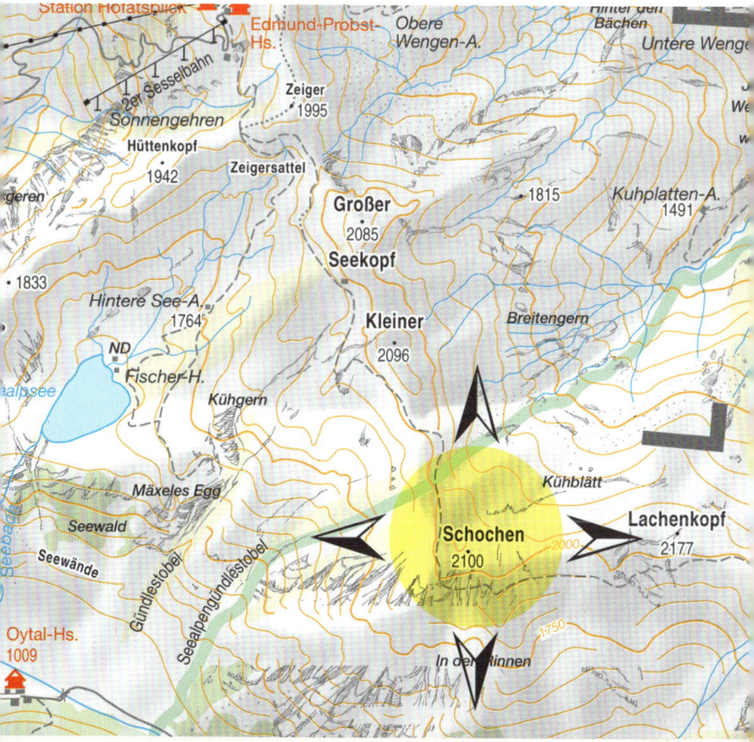

Station Hofatsblick
Edmund-Probst-Hs.
2er Sesselbahn
Sonnengehren
Hüttenkopf
1942
Zeiger
1995
Zeigersattel
Obere
Wengen-A.
Hinter den
Bächen
Untere Wenge
Großer
2085
Seekopf
Kleiner
2096
1815
Kuhplatten-A.
1491
Breitengern
• 1833
Hintere See-A.
1764
ND
Fischer-H.
Kühgern
Mäxeles Egg
Seewald
Seewände
Gundlestobel
Seealpengündlestobel
Oytal-Hs.
1009
Kühblätt
Schochen
2100
Lachenkopf
2177
In den Rinnen

41

Schwarzer Grat

Anfahrt	Aus Richtung Buchenberg oder Isny nach Wengen (798 m), Gemeinde Weitnau/Wengen. In Nähe der Kirche abbiegen und nördlich über Mautstraße (3 €) zur Alpe Wenger-Egg (1050 m) fahren. Zu Fuß ab Parkplatz Wengen ist die Alpe über einen Weg an der Wassertretanlage vorbei in 1 Std. zu erreichen.
Anstieg	Von der bewirtschafteten Alpe zu Fuß zum Aussichtsturm am Schwarzen Grat (1118 m), leichte Wanderung, 35 Min.
Aussicht	Vom Turm gibt es vor allem nach Westen (BaWü) eine herausragende Aussicht: West- und Württembergisches Allgäu mit sanften Hügeln und hübschen Orten. Auch nach Süden (Allgäuer Hauptkamm), Osten (Zugspitze, Ostallgäuer Alpen) und Westen (Schweizer Berge – Säntis) ist die Fernsicht hervorragend und lohnend.
Einkehr	Alpe Wenger-Egg, Sieglinde Möslang, Tel. 07569 1304, Tel. Tal: 08375 610
Tipp	Ab Wengen zum Turm, am Rückweg Einkehr und Abstieg über Schwandele und Steinebach nach Wengen, insgesamt 1/2 Tagestour, leicht, lohnend
Wanderkarte	Wanderkarte »Weitnau & Wengen«, M 1:25 000, AVA Verlag Allgäu, Kempten

Schwarzer Grat

42

Spießer

Anfahrt	Von Bad Hindelang Richtung Oberjoch, Parkplatz nach dem 1000-m-Schild der Jochstraße. Oder bis Oberjoch großer Parkplatz.
Anstieg	Vom erstgenannten Parkplatz über den geteerten Alpweg zur Hirschalpe und weiter zum Gipfel (1649 m), 2 Std. Anstieg, leicht, aber 650 Hm. Von Oberjoch über »Ifenblick« zur Hirschalpe und ebenso weiter. 1 1/2 Std. Anstieg, leicht, aber 500 Hm.
Aussicht	Überraschend schöne Rundumsicht! Westen: Tiefenbacher Eck, Illertal, Grünten; Osten: Tannheimer Berge (Einstein, Gimpel, Rote Flüh, Aggenstein); Süden: Iseler, dazwischen einige Gipfel der Hochalpenkette; Norden: Wertacher Hörnle und Blick ins Alpenvorland, Ferner Ostrachtal, Retterschwanger Tal mit Daumen, Imberger Horn, Nebelhorn.
Einkehr	Hirschalpe (1493 m), Tel. 0 175 2078 961
Tipp	Wanderung: Oberjoch-Jochschrofen-Großer Hirschberg-Spießer-Hirschalpe-Oberjoch 1/2 Tagestour, unschwierig, schön
Wanderkarte	Zumstein Wanderkarte Nr. 3 – »Bad Hindelang«, M 1:25 000, AVA Verlag Allgäu, Kempten

Spießer und Großer Hirschberg

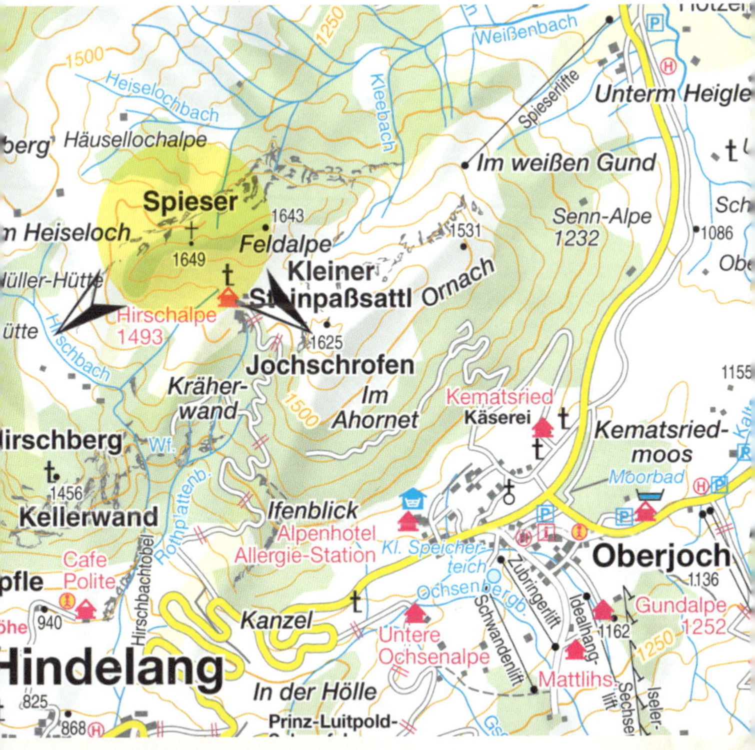

Blick auf Bad Hindelang

43

Tegelberg

Anfahrt	Von Füssen oder Steingaden nach Schwangau, südlich abbiegen zur Tegelbergbahn
Anstieg	Auffahrt mit der Kabinenbahn zur Bergstation Tegelberg (1707 m), Aufstieg zum Branderschrofen (1880 m), 45 Min., unschwierig
Aussicht	Herausragende Aussicht über die Voralpenlandschaft des Ostallgäus und ihre Seen (Forggensee, Hopfensee, Alpsee); Königswinkel; Faszinierender Blick in die Alpenwelt (Säuling, Krähe, Geiselstein); Füssen, Schwangau
Einkehr	Tegelberg-Panorama-Gaststätte, Tel. 08362 930 431; Berggaststätte Tegelberghaus, Tel. 08362 8980; Bistro Ikarus, Tel. 08362 81791
Tipp	Röm. Ausgrabungen an der Talstation; Sommerrodelbahn; Wanderung ins NSG Ammergebirge; Kultur-/Naturlehrpfad; Aussicht schon von der Bergstation toll!
Bahn-Info	Tel. 08362 98360, www.tegelbergbahn.de
Wanderkarte	Zumstein Wanderkarte Nr. 1 – »Füssen«, M 1:30 000, AVA Verlag Allgäu, Kempten

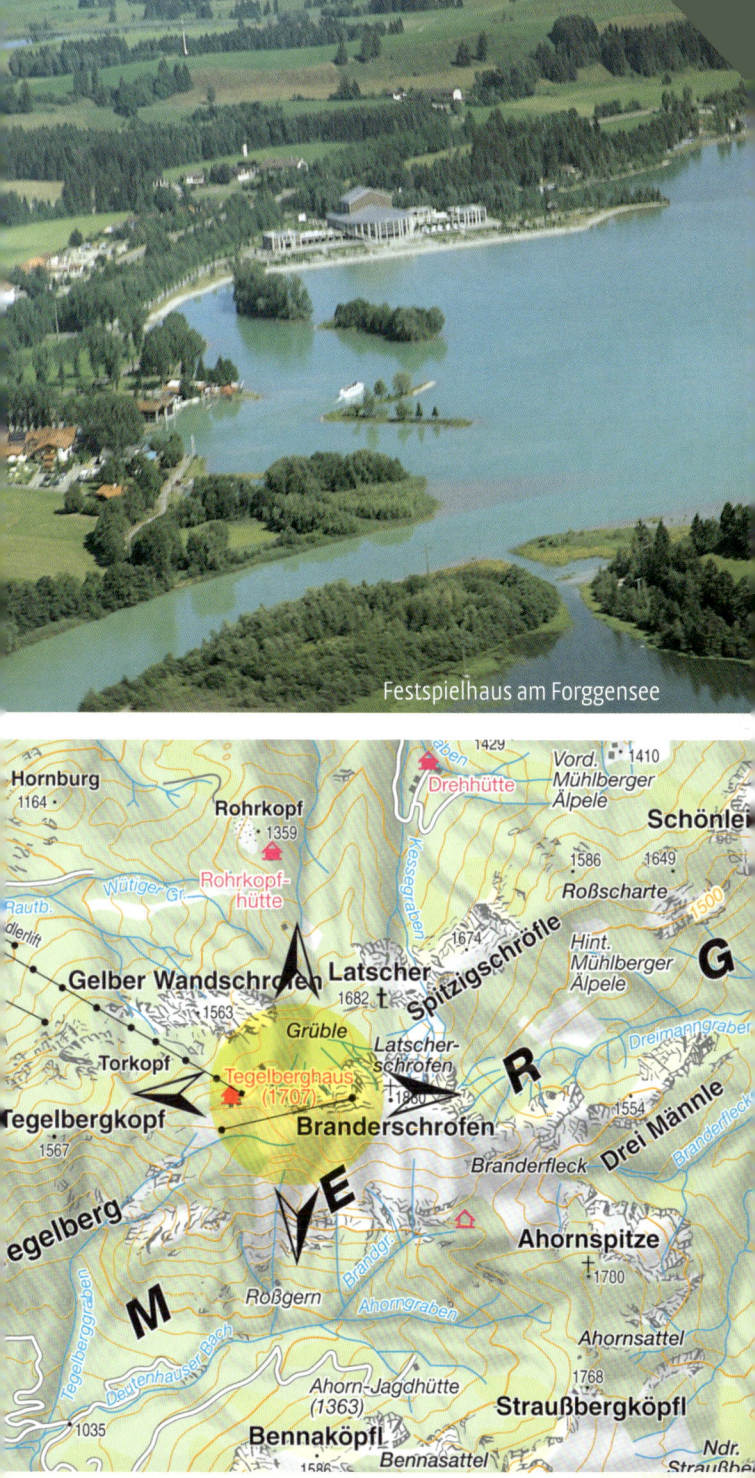

Festspielhaus am Forggensee

Thaler Höhe

Anfahrt	Von Immenstadt zum Parkplatz Schlettermoos. Oder nach Ratholz. Von Oberstaufen nach Salmas oder von Missen nach Wiederhofen.
Anstieg	Von Schlettermoos (Straße Zaumberg-Missen) über Siedelalpe in 1 1/2 bis 2 Std. Ab Ratholz über Reuter in 1 1/2 Std. Von Salmas über Salmaser Höhe in 2 Std. Von Wiederhofen in 1 1/2 Std. Jeweils leicht. Gipfel Thaler Höhe 1166 m.
Aussicht	Schöner Blick Richtung Alpsee-Immenstadt-Grünten und dahinter liegende Berge (Geißhorn), auf die südlich aufragende Nagelfluhkette mit vielen Alphütten, ins Konstanzer Tal und nördlich ins Gebiet um den Hauchenberg
Einkehr	Neuschwandalpe; Hofackeralpe; Pfarralpe; Siedelalpe; Hohenschwandalpe; Drehersalpe: je nach Routenwahl
Tipp	Der ganze Höhenrücken von der Luzinda Höhe (1024 m) oberhalb der Siedelalpe bis zur Salmaser Höhe (1254 m) ist ein herrliches Wandergebiet mit schönen, wechselnden Aussichten, leicht zu gehen
Wanderkarte	Zumstein Wanderkarte Nr. 6 – »Immenstadt«, M 1:30 000, AVA Verlag Allgäu, Kempten

Thaler Höhenzug

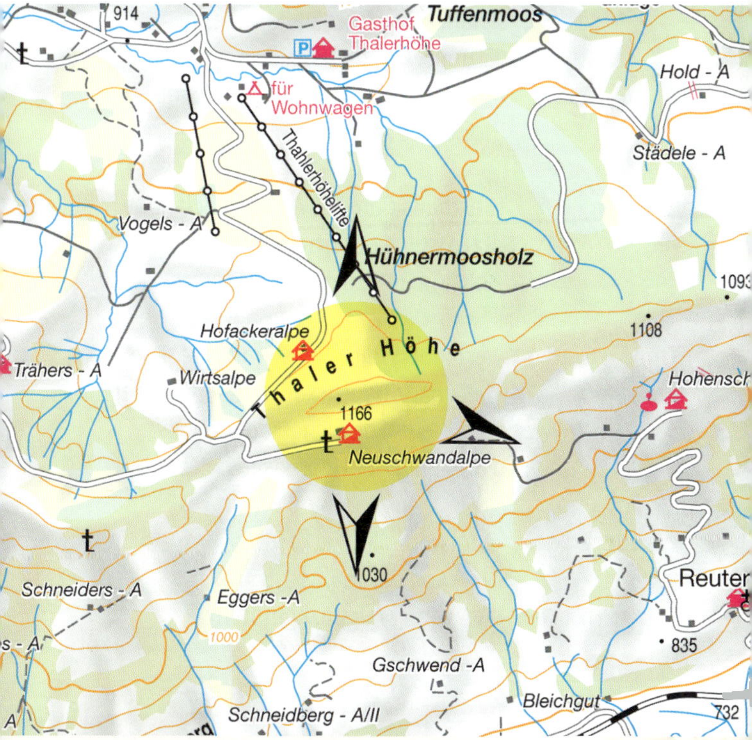

Gasthof
Thalerhöhe

für
Wohnwagen

Tuffenmoos

Hold - A

Städele - A

Thalerhöhelilfte

Hühnermoosholz

1093

1108

Vogels - A

Hofackeralpe

Thaler Höhe

Tähers - A

Wirtsalpe

Hohensch

1166

Neuschwandalpe

030

Schneiders - A

Eggers - A

Reuter

1000

835

Gschwend - A

s - A

Schneidberg - A/II

Bleichgut

732

Anfahrt	Von der B16 Füssen-Roßhaupten Abfahrt nach Rieden hinein und beschildert weiter nach Ussenburg. Auch von Roßhaupten möglich.
Anstieg	Fahrt mit PKW direkt auf den Höhenrücken von Ussenburg (960 m). An der Kreuzung nach Zwieselberg östlich halten.
Aussicht	Eine 5-Sterne-Aussicht ins Ostallgäu! Gesamtes Vorland bis Schwangau-Füssen, Alpen im Halbrund: Buchenberg-Hochplatte-Tegelberg-Säuling-Thaneller-Lechtaler-Tannheimer Gruppe, Aggenstein, Breitenberg, Füssen, Schwangau, Neuschwanstein, Hohenschwangau, Forggensee!
Einkehr	Gasthaus Café Schwarzenbach nahe B16 östlich unterhalb Ussenburg, sonst in Rieden oder Roßhaupten
Tipp	Verbinden mit einer Wanderung auf diesem Höhenrücken. Ggf. Roßhaupten und Rieden besuchen oder zum Forggen- oder Hopfensee fahren.
Wanderkarte	Zumstein Wanderkarte Nr. 1 – »Füssen«, M 1:30 000, AVA Verlag Allgäu, Kempten

Aggenstein von Ussenburg

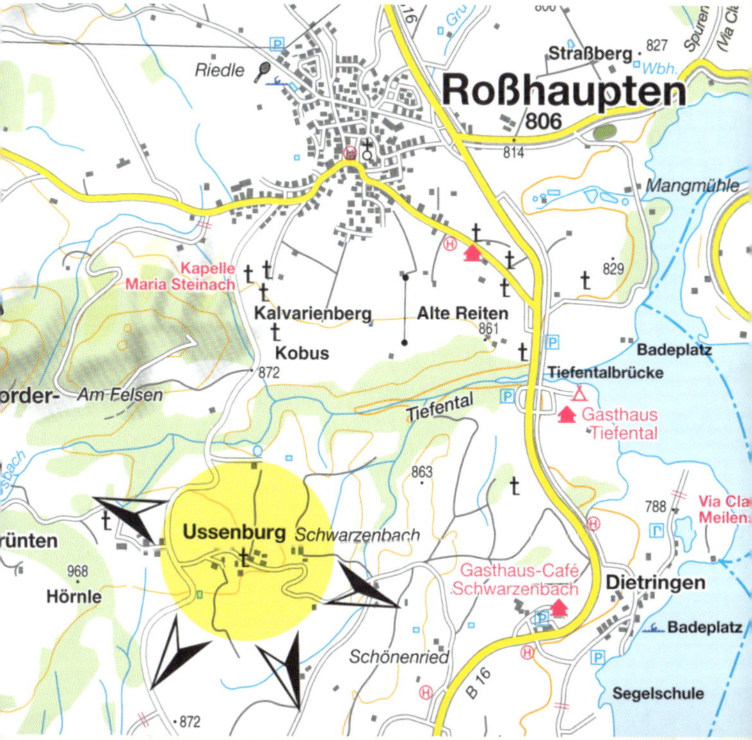

Vilser Kegel

Anfahrt	Von Pfronten nach Vils/Tirol, Auffahrt bis Parkplatz am Kühbach unterhalb des Steinbruchs (880 m)
Anstieg	Entlang des Kühbaches zur Vilser Alm (1229 m), weiter zum Hundsarschjoch (1647 m) und auf den Gipfel (1844 m); 2 1/2 Std., unschwierig, sehr hübsche Wandertour
Aussicht	Herausragende Sicht über das Vilstal, ins Ostallgäu mit seinen Seen und sanften Hügeln; Bergwelt im Westen: Aggenstein, Brenntenjoch, Füssener Jöchle, Große Schlicke; Östlich: Säuling, Tegelberg ...
Einkehr	Berggasthof Vilser Alm, Tel. 0043 676 511 1263, www.vilseralm.at
Tipp	Erweiterung der Tour: Abstieg über Hundsarschalpe und Konradshütte; Besuch der Burgruine Vilseck in Vils: kurzer Aufstieg, hübscher Ausblick
Wanderkarte	Zumstein Wanderkarte Nr. 2 p – »Pfronten«, M 1:30 000, AVA Verlag Allgäu, Kempten

Blick aufs Vilser Jöchle

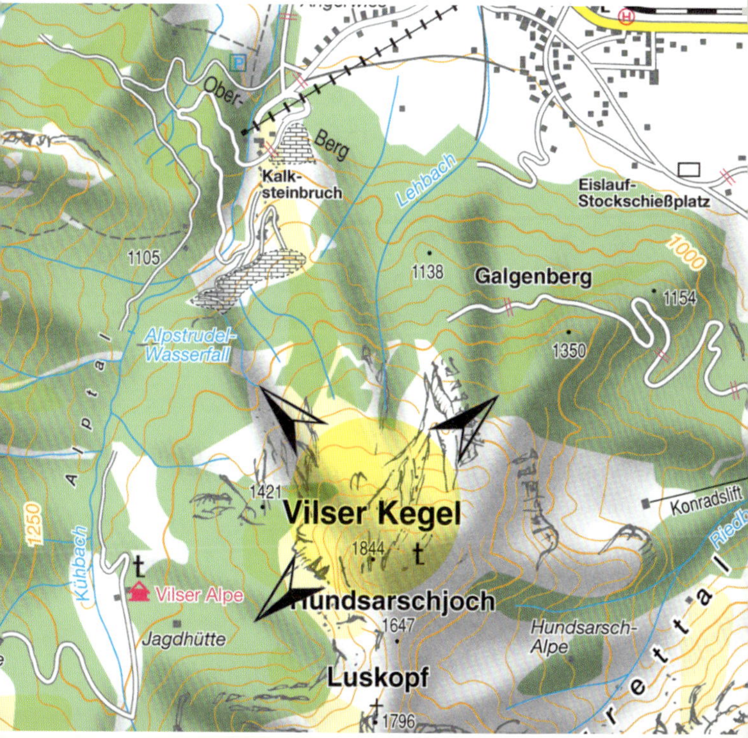

Ober-
Berg
Kalk-
steinbruch
Angerweg
Lehbach
Eislauf-
Stockschießplatz
1105
1138
Galgenberg
1154
1000
Alpstrudel-
Wasserfall
1350
Alptal
1250
1421
Konradslift
Riedl
Rietzta
Vilser Kegel
1844
Kühbach
Vilser Alpe
Hundsarschjoch
Jagdhütte
1647
Hundsarsch-
Alpe
Luskopf
1796

47

Vogelhorn

Anfahrt
Nach Tannheim im Tannheimer Tal (1100 m), Parkplatz der Vogelhornbahn an der Hauptstraße

Anstieg
Mit der Kabinenbahn zur Bergstation (1770 m), zu Fuß auf den nahe gelegenen Gipfel (1880 m), 25 Min., leicht

Aussicht
Panorama über das ganze Tannheimer Tal und seine Ortschaften. Besonders eindrucksvoll die umrahmenden Berge, wie Geißhorn, Iseler, Einstein, Aggenstein, Rote Flüh, Gimpel, Hahnenkamm, Köllespitze. Füssener Jöchle/Umgebung.

Einkehr
Gundhütte (Bergstation), Tel. 0043 5675 5160; Hubertushütte (1486 m), Tel. 0043 5675 6003; Gasthaus Neunerköpfle, Tel. 0043 5675 43090; Usseralpe, Tel. 0043 676 5427 820

Tipp
Abstieg über die Usseralpe (1665 m) nach Tannheim (1 1/2 Std), oder über die Obere Strinden Alpe nach Haldensee, 2 1/2 Std.

Bahn-Info
Tel. 0043 5675 6260, www.tannheimer-bergbahnen.at

Wanderkarte
Zumstein Wanderkarte Nr. 7 – »Tannheimer Tal«, M 1:25 000, AVA Verlag Allgäu, Kempten

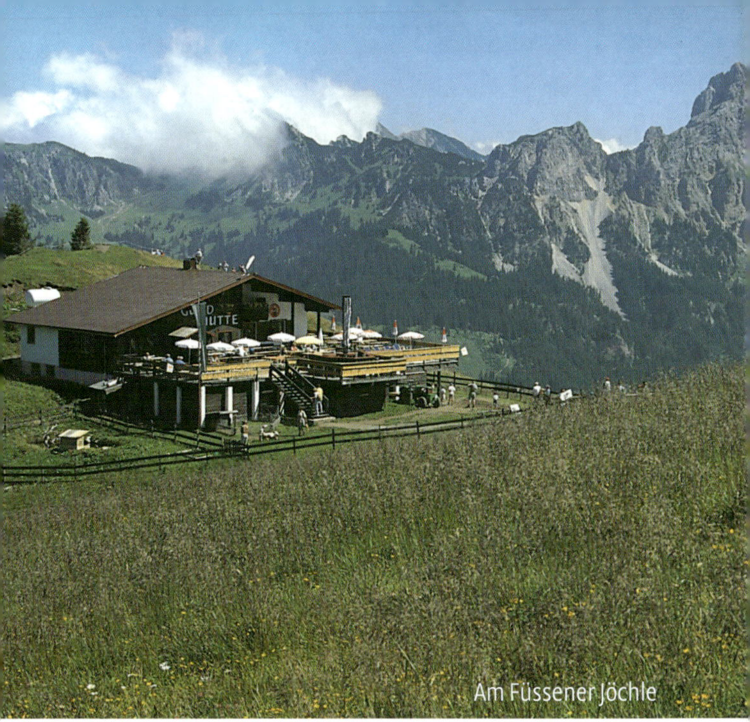

Am Füssener Jöchle

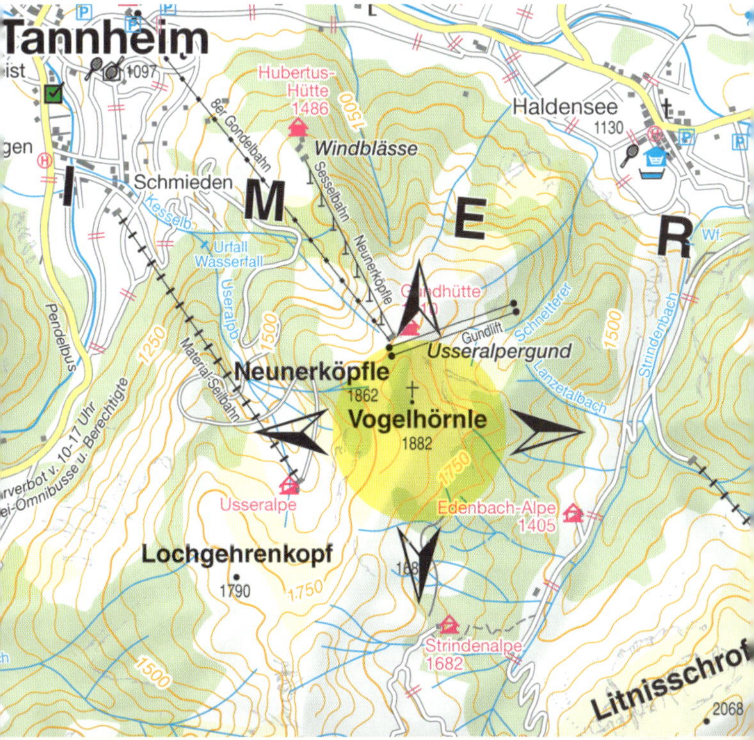

Tannheim

ist

gen

Hubertus-Hütte 1486

Windblässe

Haldensee 1130

1097

8er Gondelbahn

Schmieden

I M E R R

Seeselbahn

Urfall Wasserfall

Neunerköpfle

Usseralpb.

Gundhütte

Wi

Usseralpergund

Gundlift

Schnetterer

Neunerköpfle 1862

Vogelhörnle 1882

Pendelbus

Materi-Seilbahn

Usseralpe

Edenbach-Alpe 1405

Lochgehrenkopf

1790

1.750

Strindenalpe 1682

Litnisschrofe

2068

48

Walmendinger Horn

Anfahrt Nach Mittelberg (1220 m), Kleinwalsertal, Parkplatz der Walmendinger-Horn-Bahn

Anstieg Auffahrt mit der Seilbahn zur Bergstation (1900 m), kleiner Anstieg zum Gipfelkreuz (1990 m), leicht. Aufstieg von Baad (1244 m) über die Lüchelalpen zum Gipfel, 2 1/4 Std., unschwierig

Aussicht Großartiger Blick ins Kleinwalsertal, auf Großen Widderstein, Elfer, Zwölfer, Geißhorn, Schafalpenköpfe und Hammerspitzgrat. Nördlich zum Hohen Ifen, westlich Grünhorn und Nachbarberge, Höferspitze/Heiterberg-Grat und hübscher Blick in die Vorarlberger Alpen.

Einkehr Gipfelrestaurant, Tel. 0043 5517 5673; Obere Lüchelalpe, Tel. 0043 5517 3212; Stutzalpe; Bühlalpe; Max Hütte

Tipp Wanderung vom Gipfel über Obere Lüchelalpe-Ochsenhofer Scharte-Schwarzwasserhütte zur Auenhütte (Busanschluss), 4 Std.

Bahn-Info Tel. 0043 5517 52740, www.walmendingerhornbahn.de

Wanderkarte Zumstein Wanderkarte Nr. 5 – »Kleinwalsertal«, M 1:25 000, AVA Verlag Allgäu, Kempten

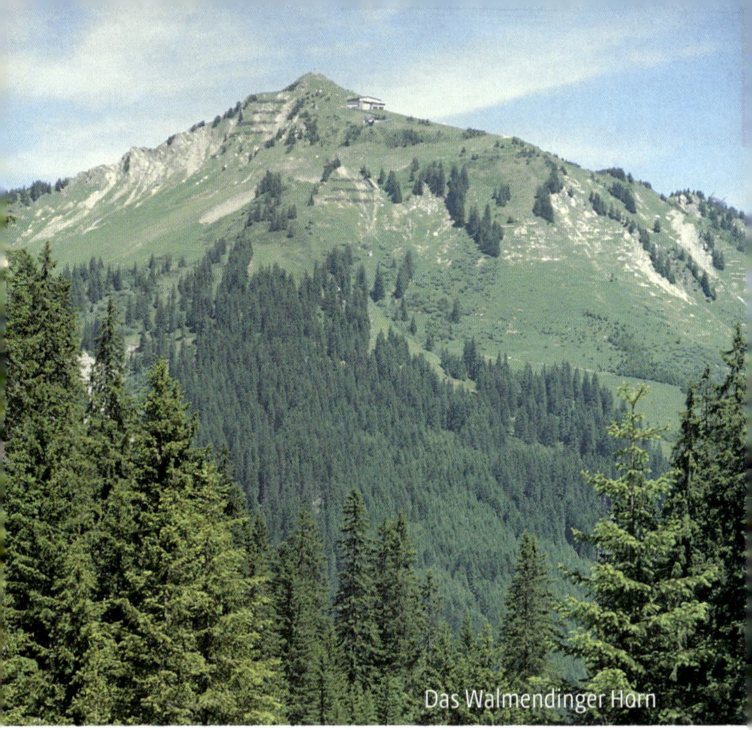

Das Walmendinger Horn

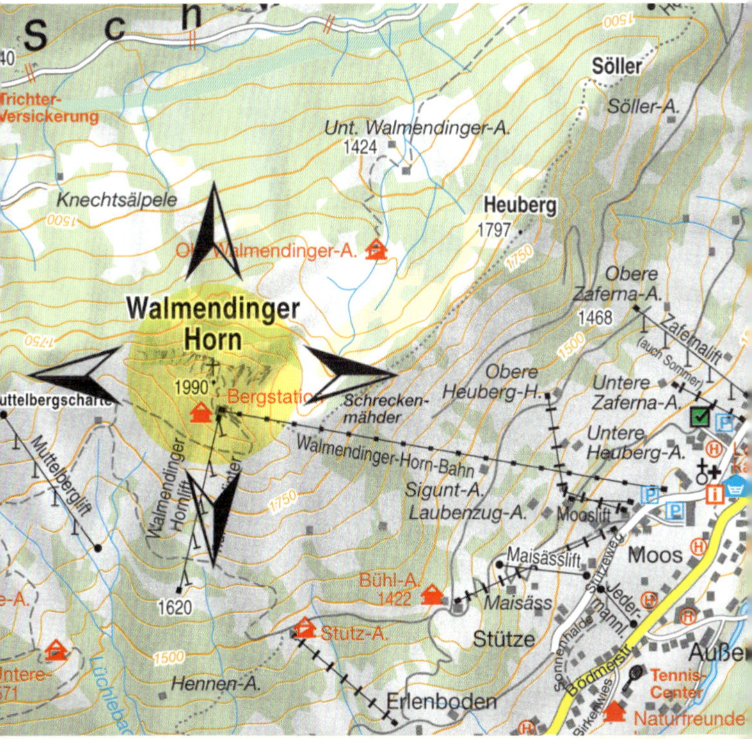

S c h n
40
Trichter-
versickerung

Söller
Söller-A.

Unt. Walmendinger-A.
1424

Knechtsälpele

Heuberg
1797

Ob. Walmendinger-A.

Obere
Zaferna-A.
1468

Walmendinger
Horn

Zafernalift
Tauch Sommen

1990

Bergstation

Obere
Heuberg-H.

Untere
Zaferna-A.

Schrecken-
mähder

uttelbergscharte

Walmendinger-Horn-Bahn

Untere
Heuberg-A.

Muttelberglift

Sigunt-A.
Laubenzug-A.

Mooslift

Moos

1750

Maisässlift

1620

Bühl-A.
1422

Jeder

Maisäss

Stütz-A.

Stütze

e-A.

Hennen-A.

1500

Erlenboden

Tennis-
Center

Untere-
571

Auße

Lüchlebar

Naturfreunde

Weiherkopf

Anfahrt	Von B 19 Umfahrung Fischen über Straßen OA 9/OA 5 nach Bolsterlang, Parkplatz der Hörnerbahn
Anstieg	Mit der Hörnerbahn (Gondelbahn) zur Bergstation am Horngrat (1540 m), weiter über einen Steig zum Gipfel des Weiherkopfes (1665 m), 30 Min., unschwierig
Aussicht	Östlich sehr schön ins Illertal (Bolsterlang) und dahinter liegende Berge (Sonnenköpfe); Fischen; Im Süden/Südosten Allgäuer Hauptkamm mit entsprechenden Vorbergen. Vom Panoramaweg u.a. Blick ins Flyschgebiet (Ochsenkopf, Riedberger Horn).
Einkehr	Berggasthof Hörnerhaus (Tel. 08326 639); Berggaststätte Mittelstation (Tel. 08326 1440); Hörni's Nest an der Bergstation Hörnerbahn; Berghaus Schwaben, 30 Min., (Tel. 08326 438)
Tipp	Über den Panoramaweg zum Ofterschwanger Horn (Kombikarte der beiden Bahnen, Busrückkehr). Wanderung aufs Riedberger Horn, leicht, aussichtsreich.
Bahn-Info	Tel. 08326 9091, www.hoernerbahn.de
Wanderkarte	Zumstein Wanderkarte Nr. 4 f – »Fischen«, M 1:30 000, AVA Verlag Allgäu, Kempten

Horngrat mit Großem Daumen

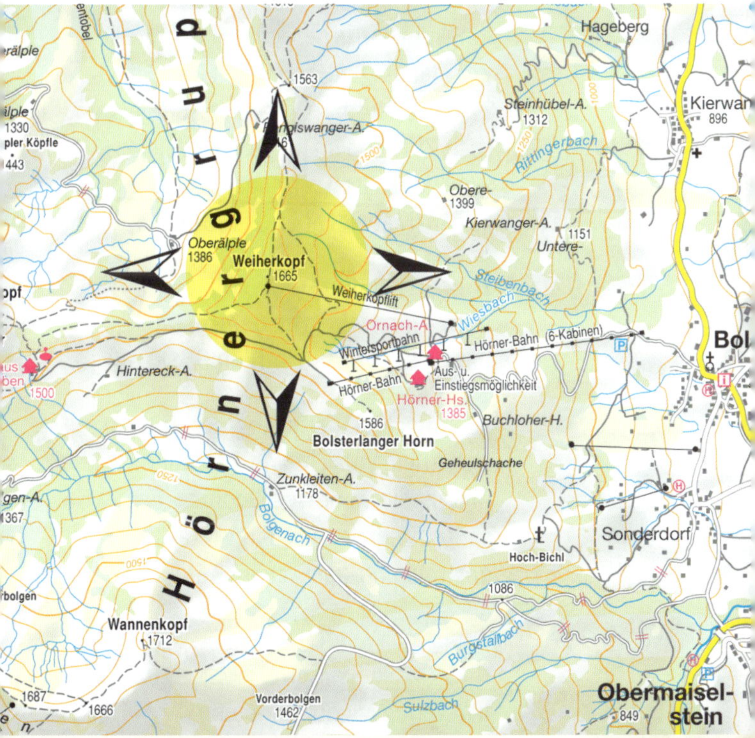

Anfahrt	Durchs Kleinwalsertal nach Bödmen, je nach Routenwahl auch bis Baad
Anstieg	Von Bödmen durch das Gemsteltal zur Widdersteinhütte (2015 m) und auf AV-Steig zum südseitigen Einstieg, über eine felsige Steilrinne (größte Vorsicht) auf den Gipfel (2533 m). Von Baad durch das Bärgunttal zum gleichen Einstieg. Je 4 1/2 bis 5 Std., mittelschwer/schwer.
Aussicht	Die beste Übersicht über das Kleine Walsertal, die man sich vorstellen kann! Sicht, wie aus einem Flugzeug, die Orte des Tales liegen einem zu Füßen. Ringsum herrliche Sicht auf Berge, wie Walmendinger Horn, Hoher Ifen, Elfer, Zwölfer, Geißhorn, Biberkopf, Berge um Lech/Zürs und im Bregenzer Wald (Hochkünzelspitze), Allgäuer Hauptkamm (Mädelegabel, Gr. Krottenkopf).
Einkehr	Widdersteinhütte (2015 m); drei Gemstelalpen im Gemsteltal; Bärgunthütte (1391 m) südlich Baad
Tipp	Achtung: ernsthafte Bergtour! Trittsicherheit, Vorsicht und Ausdauer notwendig. Rundweg: Bödmen-Gemsteltal-Widderstein-Bärgunttal-Baad: anstrengend, aber schön! 8 Std.
Wanderkarte	Zumstein Wanderkarte Nr. 5 – »Kleinwalsertal«, M 1:25 000, AVA Verlag Allgäu, Kempten

Riezlern mit Widderstein

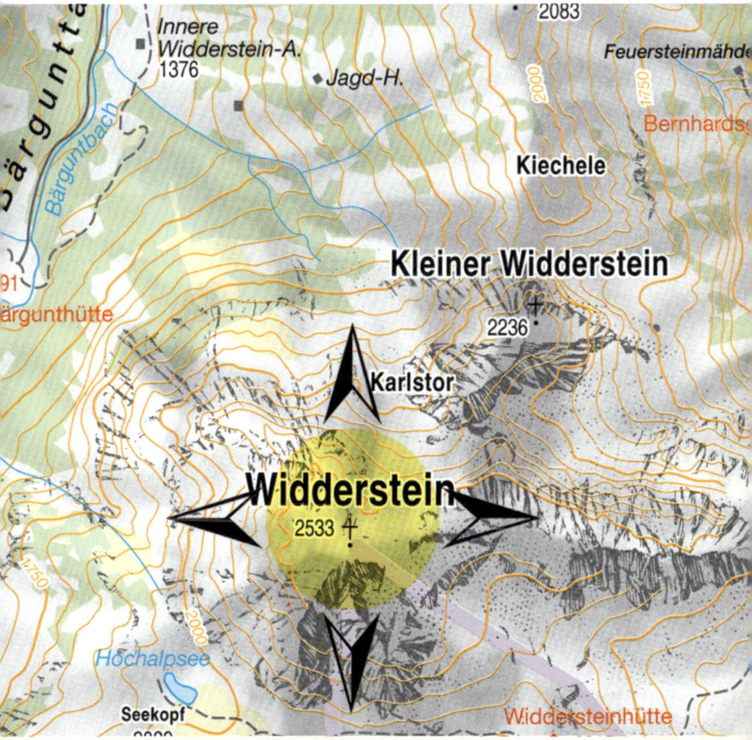

Bärguntt[al]
2083
Innere
Widderstein-A.
1376
Jagd-H.
Feuersteinmähde
2000
1750
Bernhards
Bärguntbach
Kiechele
91
ärgunthütte
Kleiner Widderstein
2236
Karlstor
Widderstein
2533
1750
2000
Höchalpsee
Seekopf
Widdersteinhütte

Notizen

Notizen

_____

_____

_____

_____

_____

_____

_____

_____

_____

_____

_____

_____

_____

_____

_____

_____

_____

_____

_____

_____

Notizen

Notizen